10분 자기경영

삶을 바꾸는

삶을 바꾸는 10분 자기경영

1판 1쇄 발행 | 2015년 7월 30일
1판 4쇄 발행 | 2019년 2월 22일

지은이 | 김형환
펴낸이 | 이희철
기획 | 출판기획전문 (주)엔터스코리아
편집 | 양승원
마케팅 | 임종호
펴낸곳 | 책이있는풍경
등록 | 제313-2004-00243호(2004년 10월 19일)
주소 | 서울시 마포구 월드컵로31길 62 1층
전화 | 02-394-7830(대)
팩스 | 02-394-7832
이메일 | chekpoong@naver.com
홈페이지 | www.chaekpung.com

ISBN 978-89-93616-84-2 03320

· 값은 뒤표지에 표기되어 있습니다.
· 잘못된 책은 바꾸어 드립니다.

이 도서의 국립중앙도서관 출판시도서목록(CIP)은 서지정보유통지원시스템 홈페이지
(http://seoji.nl.go.kr)와 국가자료공동목록시스템(http://www.nl.go.kr/kolisnet)에서
이용하실 수 있습니다.(CIP제어번호: CIP2015017881)

삶을 바꾸는 10분 자기경영

김형환 지음

Self
Management

책/이/있/는/풍/경

질문 속에 길이 있다

팟캐스트 〈10분경영〉을 진행하면서 수많은 질문을 받았습니다. 대기업 경영자부터 조직의 임원, 중간관리자, 일반 사원, 프리랜서, 창업자, 사회 초년생, 가정주부, 학생에 이르기까지. 그리고 갖가지 질문들 안에서 저는 우매한 답은 있을지라도 우매한 물음은 없다는 것을 깨달았습니다.

우리가 질문하기 어려워하는 것은 매사에 의문을 갖고 탐구하기가 불편하고 벅차기 때문입니다. 그래서 아무리 사소한 일이라도 의문문으로 바꾼다는 것은 그 자체로 용기 있고 귀합니다. '나는 태어났다'라고 생각할 때는 내 삶에 아무 감흥이 없지만 '나는 왜 태어났는가?', '나는 어떻게 태어났는가?'라고 질문하면 내가 살아야 하는 이유를 찾을 수 있고 내 삶의 의미를 생각해볼 수 있습니다. 이것이 질문의 역할이자 가치입니다.

그런 면에서 제게 보내준 모든 질문들이 고맙습니다. 그 질문들 속에서 저 또한 지혜를 찾을 수 있었기에 고맙습니다. 제 대답에 귀 기울여주신 것이 고맙고, 질문하신 분들이 그만한 성과를 만들어가니 더없이 고맙습니다. 때로는 제 대답으로 얻은 변화의 경험을 피드백하면서 다른 사람들과 공유하는 분들도 있습니다. 정말 반갑고 고마운 일이 아닐 수 없습니다.

저한테 질문을 보내면서 '용기를 내어 질문합니다'라고 말씀하시는 분들이 많습니다. 맞습니다. 질문한다는 것은 자신의 부족함을 시인하는 행위이므로 용기가 필요합니다. 그분들은 용기를 내어 자신이 할 수 있는 일을 한 것입니다. '두드려라, 열릴 것이다'라고 하지만, 세상의 어떤 문은 아무리 절박하게 두드려도 열리지 않을지 모릅니다. 그러나 열리지 않을 거라고 짐작해서 두드리지 않으면 아무 일도 벌어지지 않습니다. 질문이라는 두드림으로 문을 열어보고자 용기를 낸 것이 제게는 무엇보다 고맙습니다.

〈10분경영〉에 제게 보내주신 질문과 제가 드린 답을 묶어 한 권의 책으로 엮었습니다. 수많은 질문들의 공통점은 문제와 한계, 갈등이었습니다. 제가 그분들에게 드린 대답은 할 수 있는 것과 할 수 없는 것의 구분이었습니다. '포기하세요', '덮으세요', '잊으세요'……. 저는 대답의 시작에서 이렇게 조언했습니다. 그리고 그 다음에 그분들이 할 수 있는 일을 찾아드리는 방식으로 문제를 해결했습니다.

저는 〈10분경영〉을 진행하면서 한 번만 듣지 말고 두 번, 세 번 듣기를 권했습니다. 저는 여러분이 이 책 또한 두 번, 세 번, 읽기를 권합니다. 제 대답은 조언일 뿐 절대적인 정답은 아니기 때문입니다. 여러 번 읽으면서 제 생각과 여러분 생각의 차이를 느끼고, 그 차이로 자기만의 방법을 찾는 것은 여러분의 몫입니다.

어찌 보면 제가 다른 분들에게 도움을 드리는 것 같지만, 진짜 제가 바라고 의도한 것은 각자가 자신의 일과 삶을 지혜롭게 경영하는 능력을 터득하는 것입니다. 스스로 자신의 일과 삶을 경영하는 능력이 무엇보다 중요합니다. 이스라엘이 창업국가라면 저는 대한민국은 경영국가가 되어야 한다고 생각합니다. 그러기 위해서는 개개인이 일과 삶에 산적한 문제를 앞에 두고, 자신이 해야 할 것과 하지 말아야 할 것을 명확하고 냉정하게 구분해야 합니다.

　그런 분들과 함께하면서 우리의 경영을 지켜낼 명쾌한 행동가치를 제시하는 것이 이 책의 역할이자 제가 해야 할 일입니다.

차 례
Contents

들어가는글 질문 속에 길이 있다

사회생활의
기본이 어려울 때

01 눈치 주는 상사 때문에 눈치만 보는 ... 014

02 보고서가 되돌아올 때는 '90퍼센트 법칙'으로 ... 019

03 어려운 인간관계를 풀 때 스킬은 스킬일 뿐 ... 023

04 거절하는 방법이 다르면 감동도 달라진다 ... 028

05 나를 위한 비전인가, 조직이 정해놓은 틀인가 ... 033

06 일이 막힌다면 우선순위를 체크할 때 ... 037

07 그가 한 말 때문에 힘들 때는 상황을 보라 ... 043

08 커리어는 체력과 시간관리에서 시작한다 ... 048

09 업무 효율을 높여주는 체계적인 관리법 ... 053

10 변화, 갑자기 찾아올수록 갑자기 사라진다 ... 058

PART 2

남들에게 인정받고
싶은 당신에게

01 그들의 기준이 될 나만의 스펙을 ... 064

02 비전과 갈등으로 엮은 '스토리'가 있습니까 ... 071

03 바빠도 내 목소리로 내 삶을 살아야 ... 076

04 포기하고, 집중하고, 핵심가치를 지켜라 ... 082

05 첫 고객을 단골로 만드는 '60퍼센트 법칙' ... 088

06 오늘의 성공보다 내일도 거듭되는 성장을 ... 093

07 인정받고 싶다면 먼저 그의 요구에 집중하라 ... 100

08 협상, 이기려 애쓰지 말고 과정에 집중하자 ... 106

09 외국어 실력을 높이려면 암기보다 응용을 ... 111

10 사내정치로 골치 아프다면 가치관을 바로 하라 ... 116

PART 3

위기를 기회로
만들기 위하여

01 피하기보다 이겨내야 할 것, 실패 … 122

02 열정이 필요한 때는 열정이 사라진 순간 … 127

03 의지가 필요한 그 순간에만 의지를 발휘하라 … 132

04 길을 잃었을 때는 때를 기다리는 여유를 … 137

05 혼자 있기 힘들다면 '개인주의'를 마음껏 누려라 … 142

06 미칠 게 없다면 오늘과 내일에 미치자 … 149

07 무너진 신뢰를 되돌리려면 타이밍이 관건 … 154

08 내 영업이 고객에게 안겨줄 변화에 주목하라 … 160

09 삶이 힘들다면 그에 적응할 방법을 찾자 … 166

10 전략과 가치관이 바로 서야 골리앗을 이긴다 … 172

PART 4

핵심 인재로
성장하는 조건들

01 상식의 힘으로 비상식에 이르는 길, 창조 ... 180

02 지금 당신도 창조적으로 계획하는가 ... 185

03 짧고 논리적인 화법으로 시간을 극복하라 ... 191

04 바꿀 것보다 먼저 바꾸지 않을 것을 ... 197

05 독서와 강연으로 배움과 행동의 균형을 ... 202

06 도와주고 싶다면 그의 욕구부터 파악하라 ... 208

07 가치관, 헌신력, 질문력이 인재를 만든다 ... 214

08 좋은 파트너는 협업으로 이루어진다 ... 221

09 수직적인 상승을 이끌어주는 '369법칙' ... 226

10 그처럼 되고 싶다면 그처럼 살자 ... 233

PART 5

나와 그를
바꾸고 싶을 때

01 리더십, 돈의 가치, 균형감각을 가져라　　… 240

02 리더십은 나와 그, 조직과 사회를 바꾼다　　… 247

03 돋보이기 전에 닮고 싶은 사람이 되자　　… 253

04 상대가 마음에 들지 않을 때는　　… 260

05 칭찬으로 마음을 사로잡는 세 가지 기술　　… 265

06 최강 팀워크를 만드는 힘 '따로 또 같이'　　… 271

07 중요한 것은 대화의 매뉴얼　　… 276

08 이직, 막지 말고 줄이는 데 애쓰자　　… 282

09 그를 인정하되 나만의 원칙을 세워야　　… 287

10 동기 부여로 변화하는 다섯 가지 단계　　… 293

PART 1

사회생활의 기본이
어려울 때

인간관계에서 중요한 것은 노련한 스킬이 아니라
마음에서 우러난 관심과 꾸준한 관찰이다.

눈치 주는 상사 때문에
눈치만 보는

Question

상사가 자꾸 눈치 주는데,
어떻게 해야 할까요?

　대학 시절 내내 목표로 했던 회사에서 직장생활을 시작한 지 1년
이 다 되어갑니다. 오랫동안 준비했고 그만큼 각오가 되어 있었
기 때문에 업무에 적응하는 데 큰 문제는 없었어요.

　저는 제가 속한 회사에 자부심이 강해서 제가 이곳의 일원이
라는 것을 자랑스럽게 생각해요. 그래서 성실하고 책임감 있는
팀원이 되려고 노력하고요. 아직 팀 안에서 주도적으로 업무를
진행할 위치는 아니지만 팀의 성과를 위해 제가 해야 할 일은 정
확히 파악하고 있습니다.

　성격상 일을 미루거나 게으름을 피우지도 않아요. 업무 시간에
는 누구보다 집중하고, 제가 맡은 일은 효율적으로 해내려고 최선
을 다하죠. 그 때문에 대부분의 업무는 퇴근 전에 마무리합니다.

일을 마치면 퇴근하고요.

그런데 바로 여기서 불편한 상황이 생깁니다. 책상을 정리할 때부터 사무실 문을 나설 때까지 팀장님의 눈총이 느껴져요. 때때로 누구에게 하는 말인지 모르게 혼잣말처럼 빈정거리실 때도 있고요. 제게 대놓고 말씀하시거나 퇴근을 제지하지는 않지만, 그 때문에 더 눈치를 봅니다.

팀장님이 저를 못마땅해 한다는 느낌은 있지만 그게 정말 정시퇴근 때문인지도 확실하지 않아요. 눈치를 주는 팀장님이나 눈치를 보는 저나 불편함을 느끼고 있지만 명확한 실체는 없는 셈이에요.

제게 다른 문제가 있는 건 아닐까 생각해본 적도 있어요. 눈치라는 것이 소통이 아니라 뉘앙스다 보니 제가 생각하는 것과는 다른 이유가 있을지도 모르겠어요. 확실한 건 팀장님이 저의 어떤 점을 마음에 들어 하지 않는다는 것, 그리고 저는 그런 팀장님이 불편하다는 사실이에요.

잘못한 것도 없는데 눈치를 봐야 하는 상황이, 아니 신입사원으로서 제 열정을 모두 쏟아 붓는데도 죄책감을 느껴야 하는 이 상황이 너무 어렵습니다. 다른 동료나 선배들에게 의논하고 싶어도 말을 꺼내기가 힘들어요. 그들도 매일 야근하거든요.

어떻게 해야 할까요? 제 업무가 끝났어도 팀장님이 퇴근하실 때까지 자리를 지키는 것만이 해결책일까요?

_여성, 25세, 무역 회사 근무

불만스럽고 불편하다면
선택과 포기부터 구분하세요

입사하자마자 회사의 습관적인 야근문화 때문에 힘들겠군요. 업무시간을 효율적으로 관리하며 최선을 다했는데도 상사의 눈치를 봐야 하니, 받아들이기 힘든 것이 당연합니다.

사무실에는 '직급'이 존재합니다. 후배가 빈정거리거나 상사에게 눈총을 주는 경우는 거의 없지만, 팀장을 비롯한 상사는 후배에게 그렇게 합니다. 너무나 잘 알고 있을 이 사실을 상기시키는 이유는 상대적으로 불리한 조건에 있다는 것을 인정해야 하기 때문입니다. 그리고 바로 그 때문에 팀장님에게 먼저 다가가야 합니다. 상대방은 정시에 퇴근하면서도 눈치를 볼 위치에 있지 않습니다. 하지만 이 질문을 하는 입장에서는 아니지요.

팀장님과 약속을 잡으세요. 단, 일대일로 만나야 합니다. 직원들로 가득한 사무실이나 다른 동료가 함께 있는 자리는 아무 의미가 없습니다. 여러 사람이 모인 자리에서는 허심탄회하게 대화를 나누기가 힘들지요. 애매하게 이뤄진 소통은 오해를 부르고, 상식과 비상식을 따지는 극단적인 논리를 내세우고 맙니다. 불편함을 해결하려다 오히려 관계가 악화될 수도 있습니다. 내 문제는 내가 해결해야 한다는 마음가짐으로 문제에 직면하는 용기를 가져야 합니다.

팀장님을 만났다면 먼저 고마움을 표현하세요. 부담스럽지 않은 선물을 드려도 좋겠어요. 겨울이라면 따뜻한 차를 자주 드시라는 말과 함께 텀블러를 드려도 괜찮겠지요. 대화할 분위기가 어느 정도 만들어졌다면 이제 불편을 말씀드릴 차례입니다.

그런데 "팀장님, 저는 제 할 일을 다 했습니다. 그런데 왜 제가 칼퇴근하는 걸로 눈치를 주십니까?"라고 말하는 건 자제하길 바랍니다. 불편과 불만은 다릅니다. 불만을 터뜨리거나 비판의 날을 세우는 것은 문제를 해결하는 데 도움이 되지 않습니다. 대신 이렇게 운을 띄워보세요.

"팀장님, 사실 지난번 퇴근길에 하신 말씀 때문에 좀 불편했습니다."

팀장님은 아직 정시퇴근을 언급하지 않았고, 나의 입장을 이야기했을 뿐이지요. 이렇게 차근차근 소통을 시작합시다. 그러면 팀장님은 퇴근 이야기를 꺼낼 겁니다. 예상할 수 있는 말은 많지만, "먼저 퇴근해버리니 다른 직원들 보기에 난처하네"라거나, 좀 더 날카롭게는 "남들은 집에 가기 싫어서 안 가는 줄 아나?"라고 할 수도 있겠지요. 그때 이렇게 대답해보면 어떨까요.

"네, 제가 정시에 퇴근해서 팀장님께서 다른 직원들 보기가 불편하시군요."

상대가 한 말을 자신의 입으로 다시 말하는 것, 그것이 경청의 자세입니다. 이 단계에서 중요한 것은 자신의 불편을 토로하는 동시에 상대의 불편에 공감하는 것입니다. 이것이 커뮤니케이션의 핵심입니다.

그렇다고 그 자리에서 성급하게 결론을 내지는 맙시다. 예를 들어 "그럼 오늘부터 야근하겠습니다!" 같은 말은 하지 않는 게 좋습니다. 소통, 경청, 공감의 과정이 끝났다면 생각할 시간을 가져야 합니다. 그 자리에서 바로 결정하는 건 현명하지 않아요.

"오늘 말씀 감사합니다. 저도 생각해보겠습니다."

이것은 정말 무서운 말입니다. 동시에 어떤 상황이더라도 효과적으로 들어맞는 말이기도 하고요. 이렇게 상사와 소통의 물꼬를 틀었다면 앞으로는 눈치를 보기보다 꾸준한 대화로써 해결책을 함께 찾아갈 수 있을 거예요.

이제 팀장님과 다음 대화를 하기 전까지 생각할 거리가 남았습니다. 생각할 때는 선택과 포기를 잘 결정하기 바랍니다. 일정 부분은 포기함으로써 퇴근 문제에서 공통적인 해법을 찾아나가야 합니다. 일주일 중 하루만 확실히 야근하는 것도 방법이겠지요. 꾸준히 팀장님과 소통 시간을 갖되, 아무것도 포기하지 않고 원하는 것을 이룰 수 없다는 사실을 인정해야 합니다.

직장생활을 해보니 상사들이 보고를 참 좋아하지요? 보고는 다시 말하면 소통입니다. 일상에서 느끼는 일들을 자주 보고하면 팀장님과 훨씬 매끄러운 관계를 가질 수 있을 거예요. 그리고 팀장님과 대화할 때 꼭 기억하세요. '예(yes)'와 '하지만(but)'을. 불만이 아닌 불편을 토로하는 겁니다.

02

보고서가 되돌아올 때는
'90퍼센트 법칙'으로

한 번이라도 보고서가
통과되는 게 소원이에요

신입사원일 때는 보고서를 쓸 일이 많지 않았지만, 보고하는 게 은근히 재미있었어요. 취업을 준비하던 시절, 드라마에 나오는 커리어우먼들처럼 결재판을 옆구리에 낀 채 회사 복도를 또각또각 걸어가는 제 모습을 자주 상상했거든요. 그 상상은 제게 직장생활의 로망이었어요. 문제는 상사가 보고서를 받은 뒤의 반응을 상상하지 못했다는 거죠.

"완벽하네. 그대로 진행하게."

이런 말은 드라마에나 존재한다는 것을 깨닫기까지 얼마 걸리지 않았어요.

며칠 전에도 고심에 고심을 거듭해서 올린 보고서가 퇴짜를 맞았는데, 저는 아무리 생각해도 뭐가 문제인지 모르겠더라고요. 매번 야단을 맞고 보고서가 되돌아오니까 점점 위축되기도 하고요.

이제는 완벽한 상태가 아니면 보고하기가 꺼려져요. 별로 중요하지 않은 일인데 일일이 보고하는 건 비효율적이라는 생각도 들고요. 보고에 부정적인 생각이 들기 시작하니까 결재판만 봐도 머리가 아픕니다.

도대체 보고는 왜 해야 하는 걸까요? 그리고 보고로 성과를 내려면 어떻게 해야 할까요?

_여성, 27세, 비서

Answer

보고는 기본 중 기본이기에
가장 어려운 것입니다

직장생활에서 보고를 해야 할 일이 참 많지요? 보고서가 자꾸 되돌아오니 보고라는 관행 자체에 의문이 들기도 할 겁니다.

하지만 보고란 업무를 소통하는 방식입니다. 보고는 직장생활의 기본이지만 아무리 많이 해도 어렵습니다. 상사가 조직에 원하는 것이 무엇인지, 그것을 위해 나는 어떻게 해야 하는지, 이 질문에 따른 대답이 간단하지 않기 때문입니다.

우선 상사가 지시하는 내용이 잘 들리는지 여쭤보고 싶습니다. 상사가 한꺼번에 이야기를 쏟아낼 때, 부하직원은 그 이야기를 다 이해하지 못하는 경우가 많습니다. 아무것도 모르는 신입사원일 때는 이런 상황에 어림짐작으로 맞춰볼 엄두도 내지 못하지만, 경력이 약간 있는 사람은 자신의 경험에 비춰 상사가 한 말과 행간의 의미를 추측합니다. 하지만 이렇게 하면 큰 문제를 불러올 수 있어요.

보고를 잘하는 방법으로 세 가지를 말씀드리겠습니다.

첫째는 지시를 명확하게 이해하는 것입니다. 이것은 어떤 결과물을 내야 할지 분명하게 알고 있다는 말도 되겠지요. 지시 내용을 듣기만 하기보다는 스케치나 메모를 하면 더욱 좋습니다. 군대 용어 중 '복창'이 있지요. 복창은 엉뚱하게 일이 진행되는 사태를 막기 위해 다시 한 번 되새기는 과정입니다. 상사가 이야기할 때 그 자리에서 재차 확인하며 가시화해보세요. 보고를 잘 하려면 정확하게 전달받는 습관이 선행되어야 합니다.

둘째는 중간보고입니다. 업무의 진행 상황을 공유하는 거예요. 어떤 회사의 경영자는 수차례에 걸쳐 직원과 일대일 미팅을 진행합니다. 의례적이지 않은 중간보고로 현재 상황을 철저하게 파악하기 위해서입니다.

직원 입장에서는 한 번에 멋진 결과물을 내놓고 싶은 욕심도 있을 겁니다. '나한테 끝까지 맡기면 된다. 알아서 잘한다'라는 식으로 자존심을 내세울 수도 있겠지요. 하지만 그 욕심이나 자존심 때문에 대형 사고를 칠 수도 있습니다. 업무가 끝날 때까지 상황을 공유하지 않으면 배가 산으로 가는 걸 바로잡을 수 없습니다. 중간보고는 혹시 모를 사고를 방지하는 데 꼭 필요합니다.

중간보고에서 강조하고 싶은 점은 업무의 진행 상황을 자발적으로, 정기적으로 알려줘야 한다는 것입니다. 중간점검과 피드백을 주도적으로 요청해보세요. 이것은 자존심의 문제가 아니라 자존감의 문제입니다. '알아서 잘한다'라고 자존심을 내세울 게 아니라, 일을 그르치지 않겠다는 마음가짐을 갖는 것이 진짜 스스로를 위하는 일입니다.

셋째는 '90퍼센트 법칙'입니다. 이게 가장 중요합니다. 업무를 90퍼센트 진행했을 때 남은 10퍼센트는 업무를 지시한 상사의 의견으로 완성하는 것입니다. 이렇게 하면 상사는 자신의 의견이 많이 반영되었다고 느끼기 때문에 결과적으로 보고서가 통과될 확률이 높습니다. 학교에서도 교수님이나 선생님께 자문을 구했을 때 그 결과물이 삐뚤어질 가능성이 줄어들지요.

이 경우에는 상사와의 심리적인 장벽도 허물 수 있습니다. 또 마감을 미루는 게으름으로부터 자신을 다잡을 수도 있지요. 지속적으로 확인하고 자주 보고하다 보면 일이 밀리는 상황이 줄어들 테니까요.

한 번에 통과되지 않는 보고서, 늘 되돌아오는 상사의 싫은 소리. 중간보고와 90퍼센트 법칙이 도움 되길 바랍니다.

03

어려운 인간관계를 풀 때
스킬은 스킬일 뿐

인간관계가 좋아야 한다는데
그게 어렵습니다

저는 제약 회사 영업부에서 일하고 있고, 일의 특성상 사람들을 많이 만나야 합니다. 그런데 직업적인 문제가 아니라도 내성적이고 소극적인 성격 때문에 사람을 대할 때 어려움을 자주 겪습니다.

저는 어릴 때부터 친한 몇 명을 제외하면 친구도 많지 않아요. 갑자기 성향을 바꿀 수는 없겠지만, 일을 하기 위해서라도 인간관계의 폭을 넓히고 인맥을 쌓아야 할 텐데 스킬을 전혀 모르겠습니다.

제 직업이 몸에 맞지 않는 옷처럼 느껴질 때마다 어떻게 해서라도 이 옷에 저를 맞춰야 한다는 강박관념 때문에 오버액션을 합니다. 고객을 만났을 때 과도하고 비굴한 친절을 베푼다거나,

회사에서 유쾌한 사람으로 비치려고 지나칠 정도로 쾌활하게 행동한다거나 하는 식입니다.

하지만 그렇게 해봤자 자연스럽지도 않고, 항상 가면을 쓰고 있는 느낌입니다. 집에 돌아와서 혼자가 되면 몸에 맞지 않는 옷과 가면을 벗어던질 수 있지만 그렇다고 마음이 편해지는 건 아닙니다. 자괴감과 모멸감이 들면서 회사에 있을 때보다 더 우울해지거든요.

지푸라기라도 잡고 싶은 심정으로 이렇게 문을 두드리지만, 좋은 인간관계를 맺는 좋은 방법이 있더라도 저 같은 성향을 가진 사람이라면 어렵지 않을까 하는 생각이 드네요. 입사 후 3년을 아슬아슬하게 견뎌왔지만 이제는 정말 자신감이 바닥을 친 것 같습니다.

어떻게 해야 괜찮은 첫인상을 줄 수 있는지, 대화는 또 어떻게 이어가야 하는지, 고객은 어떻게 응대해야 하고 동료들은 또 어떻게 대해야 하는지 아무것도 모르겠습니다. 상황이 이렇다 보니 불편한 고객을 만나거나 컴플레인이라도 받으면 머릿속이 새하얘집니다.

제게도 희망이 있을까요? 인간관계를 잘하기 위한 조언을 부탁드립니다.

_남성, 31세, 제약 회사 근무

애써 기대하지 마세요
그리고 거리를 두세요

먼저 '아슬아슬하게 견뎌왔던' 시간에 위로를 보내고 싶습니다. 우리는 원하거나 원하지 않더라도 촘촘하게 연결된 인간관계의 망 속에서 살고 있는데, 바로 그 인간관계 때문에 그렇게 고민이 깊으니 얼마나 힘들지 가늠이 됩니다.

제 후배 중에 보험판매원이 있습니다. 실적이 아주 좋아요. 사람들은 그 친구를 참 좋아합니다. 그런데 사실 그들이 그를 좋아하는 게 아니라 그가 그들을 좋아하는 것입니다. 이 친구는 모든 고객의 이야기를 정말 잘 들어줍니다. 이 친구가 다른 사람들과 대화하는 모습을 보면 상대의 이야기에 푹 빠져 있다는 게 느껴집니다. 어떤 여성 고객은 이 친구에게 "혹시 저 좋아하세요?"라고 묻기도 했답니다. 나를 이성으로 좋아하는 게 아닐까 오해할 만큼 이 친구가 그 여성분의 이야기에 진심으로 귀를 기울여줬던 거지요.

관심 어린 질문을 하고, 대답에 집중하고, 고개를 끄덕이며 공감하는 것. 이 세 가지 습관을 들이는 것이 중요합니다. 좋은 대화란 내가 하고 싶은 말을 참고, 상대의 말을 경청하며, 상대의 이야기가 끝났을 때 칭찬하는 것입니다. 경청과 칭찬을 다른 단어로 바꾸면 관찰과 관심이라고 할 수 있습니다. 관찰에서 관심이 나오고, 관심에서 관계가 시작됩니다. 어느 한 사람을 위해서가 아니라 여러 사람들과 좋은 관계를 맺기 위해 이 습관을 몸에 익혀보세요.

그리고 인간관계를 맺을 때 주의할 점 세 가지를 말씀드리겠습니다.

첫째, 기대하지 않는 것입니다. 저는 고객이나 강의를 들으러 오는 분들에게 별다른 기대감을 갖지 않습니다. 그분들의 생각이 어떤지 모르니까요. 누군가에게 기대보다는 관심을 갖는 게 인간관계에 훨씬 이롭습니다.

둘째, 거리를 둬야 합니다. 이것은 예의를 지키라는 말과 일맥상통합니다. 고객, 동료, 친구, 가족을 비롯해 관계에 따라 나와 타인의 거리는 가까울 수도 멀 수도 있지만 거리가 없는 관계는 없습니다. 멀면 먼 만큼, 가까우면 가까운 만큼 적정거리를 지켜야 합니다.

흔히 상처는 가까운 사이에서 생깁니다. 거리 두기에 실패했을 때 우리는 스스로 인지하지 못하는 실수를 저지르고, 상대는 상처를 받습니다. 거리두기는 해야 할 일과 하지 말아야 할 일을 구별함으로써 상처를 주고받는 상황을 미연에 방지하는 것입니다. 그렇게 보면 너무 쉽게 말을 놓고, 부담스러울 만큼 가까이 접근하고, 함부로 속내를 꺼내 보이는 행동은 바람직하지 않겠지요. 때로는 담아 놓을 줄 아는 절제의 미덕이 필요합니다.

마지막으로, 상대의 생각이 나와 같을 거라는 착각을 버려야 합니다. 만약 '같아야 한다'라고 생각하고 있다면 더욱 위험합니다. 우리는 흔히 나와 같은 일을 한다고, 나와 같은 모임에 속해 있다고, 나와 함께 밥을 먹었다고 그들이 나와 같다는 동류의식의 착각에 빠집니다. 하지만 모든 사람들이 나와 같다고 생각하는 순간 타인에게 실수를 하고 맙니다.

항상 나와 남이 다르다는 가능성을 염두에 두어야 다름이 발견되었을 때 그것을 틀린 것으로 단정 짓지 않을 수 있습니다.

조금 다른 이야기지만, 저는 비즈니스 컨설팅을 할 때 중국에서 사업하기가 힘들다는 고민을 종종 듣습니다. 물론이에요. 5천만과 13억. 한국과 중국의 인구 수 차이는 어마어마합니다. 경험할 수 있는 인간관계의 패턴 수가 다르지요.

살아오면서 얼마나 많은 사람을 만났나요? 스스로 인간관계가 좁다고 생각한다면 사람을 상대하는 데 어려움을 느끼는 게 당연합니다. 관계의 힘은 내가 맺어온 관계의 규모에서 나오기 때문입니다.

우리는 나와 맞지 않는 사람을 보면 어떻게 성격이 저럴 수 있냐고, 어떻게 이런 말을 할 수 있냐고 화를 내고 서운해 합니다. 하지만 우리가 모를 뿐 그런 사람은 많습니다. 내가 아는 패턴인가 모르는 패턴인가의 차이일 뿐이에요. 많은 패턴을 경험하고 다름을 인정하는 것, 여기에 좋은 인간관계를 이어가는 지혜가 있습니다.

오늘 누군가를 만나러 간다면 그 자리에서부터 시작해봅시다. 사려 깊은 질문을 준비하고 경청할 준비를 하세요. 억지웃음을 짓지 않아도 좋습니다. 쾌활함을 가장하지 않아도 괜찮습니다. 인간관계에서 중요한 건 노련한 스킬이 아니라 진정성 있는 관심과 관찰이니까요.

04

거절하는 방법이 다르면
감동도 달라진다

거절하기가 어려워 힘든
나는 예스맨일까?

'저는 인간관계가 원만하고 사람 좋다는 말을 자주 듣습니다.'

제가 입사를 지원하며 자기소개서에 썼던 문장입니다. 취직하려고 대충 지어낸 말이 아니라 진짜 그랬거든요. 사람 좋다, 진국이다, 같이 있으면 편안하다……. 지인들은 저를 그렇게 평가해 줬고 저 역시 제가 그런 사람이라고 생각했어요.

저는 인간관계가 꽤 넓은 편입니다. 동성 친구들은 말할 것도 없고 이성친구들도 저를 좋아해요. 이성 사이에 진짜 친구는 없다고 하는데, 저는 허심탄회하게 이야기할 여자 친구가 많기 때문에 그 말에 동의하지 않습니다.

제 인간관계에서는 성별도 문제되지 않고 나이도 상관없습니다. 선배나 후배라도 허물없이 지냅니다. 말하자면 저는 성별이나 연령을 따지지 않고 사람들과 어울리기를 좋아하는 편입니다. 그래서 대인관계로 크게 고민해본 적이 없어요. 적어도 직장 생활을 하기 전까지는요. 그런데 요즘 들어 제가 받았던 그 평가들을 다시 생각해봤습니다. 사람 좋다는 말, 진국이라는 말, 그게 정말 좋은 의미일까 하고요.

제가 이런 생각을 한 것은 팀장님이 결정적인 계기가 되었습니다. 제가 다니는 회사는 업무 특성상 여성들이 많고 팀장님도 여자 분인데, 이분이 다른 직원들에게는 시키지 않는 일을 저한테만 시키는 거예요.

업무와 관련된 부탁은 그렇다고 넘기지만, 바쁜 시간에 개인적인 일을 시키는 것은 정말 큰 스트레스입니다. 부탁의 종류도 다양해요. 회사에서 멀리 떨어진 프랜차이즈 카페에서 커피를 사오라고 시키는가 하면, 자기가 출퇴근길에 차에서 들을 음악을 다운로드받아 오라고 시키기도 합니다. 자기 업무를 은근슬쩍 제게 떠넘기는 경우도 적지 않고요.

하루에도 몇 번씩 부당하다고 생각되는 부탁을 받으면서도 거절하지 못합니다. 상사의 부탁을 거절하는 것 자체가 쉽지 않은 일이지만, 이미 좋은 사람이라는 평판을 받고 있는 저로서는 누군가를 매몰차게 대하는 게 어려워요. 심지어 거절하기도 전에 '내가 거절하면 상대가 얼마나 무안할까' 하면서 남 걱정을 하는 타입이에요.

돌이켜보니 팀장님 말고도 제 주변에는 난처한 부탁을 해오는 사람들이 유독 많았던 것 같습니다. 돈을 빌려달라거나, 이성을 소개시켜달라거나, 일을 대신해달라거나……. 사람 좋다는 말에 속아서 자꾸 손해를 보는 기분이에요. '좋은 사람'이라는 말이 사실은 '거절하지 못하고 남의 비위만 맞추는 사람'을 뜻하는 걸까요? 너무너무 화가 나는데도 웃는 얼굴로 흔쾌히 "예"를 외치는 저를 스스로도 이해할 수 없습니다. 너무 냉정하지 않게 거절하는 좋은 방법이 없을까요?

_남성, 31세, 패션 회사 근무

Answer 🎙

먼저 공감하고 이해해야
거절도 감동으로 이어집니다

일단 좋은 인간관계를 만들어 온 것 같아 다행스럽습니다. 사람들과 두루두루 잘 어울리는 것은 사회생활에서 무척 중요한 덕목인데, 잘 해왔네요.

냉정하지 않게 거절하는 방법을 물었는데, 좋은 질문입니다. 어렵더라도 필요하다면 거절해야 합니다. 기왕 거절할 거면 '잘' 해야 하고요. 거절은 자아정체성과 관련 있고, 자기 삶에서 작은 통제력을 발휘하는 소중한 지혜입니다. 이 지혜를 깨달으면 난처한 상황을 이겨내는 데 도움이 될 거예요.

"아니오"라고 말하기가 참 힘들지요? 그런데 이걸 야멸치게 잘하는 사람이 있습니다. 현실적인 사람이라고 할 수도 있겠네요. 그런데 이렇게 거절하면 걱정한 것처럼 상대는 무안해질 겁니다. 소심한 성격이라면 상처를 받을 수도 있겠지요. 대부분의 사람들은 부탁하기까지 많이 고민하고 어렵게 결심합니다. 그 마음을 다치지 않게 배려하는 것부터 시작해야 합니다.

자, 친구가 돈을 빌리러 왔습니다. 친구는 먼저 자신의 상황을 설명하려고 할 거예요. 어떤 어려움이 생겼는지, 얼마나 큰 곤경에 처해 있는지, 어느 정도의 돈이 필요한지 말이에요. 그런데 친구의 긴 이야기가 끝났을 때 단칼에 "나도 힘들어 죽겠어"라고 말하는 것은 좋은 방법이 아닙니다. 그러면 어떻게 해야 할까요? 가장 쉬운 것은 친구의 말을 귀담아 들으며 고개를 끄덕이는 것입니다. 대화를 잘 하는 방법과 많이 닮아 있지요. 조금만 더 성의를 보이도록 할게요.

"아, 그때 그 일 때문에 돈이 부족하구나."

"한 달 정도 뒤에 갚을 수 있는 상황이구나."

그가 처한 어려움을 공유하면서 맞장구를 쳐주는 거예요. 곤란한 상황에 있는 사람에게는 이 정도의 맞장구도 큰 위로가 됩니다. 게다가 이야기를 들어주는 입장에서도 어려운 일이 아니에요. 상대의 이야기에 조금만 집중해서 따라가면 되니까요.

위로했다면 그 다음에는 미안하다는 표현을 할 차례입니다.

"정말 도와주고 싶은데 내가 지금 이런저런 상황이라 도와줄 수가 없네. 정말 미안하다."

상대의 감정을 받아준 뒤 미안함을 표현해야 진정성이 생깁니다. 상대의 이야기가 미처 끝나기도 전에 "미안한데 나 돈 없어"라고 대답하는 건 진짜 미안한 게 아니지요. 그런데 이렇게 대화를 끝내기에는 조금 아쉽습니다. 새로운 제안으로 감동적인 거절을 완성할 수 있어요.

"내가 널 직접 도와주긴 어렵지만, 주변 사람들 중에 너를 도와줄 만한 사람이 있는지 알아봐도 될까?"

앞의 두 단계가 선행되지 않고 바로 이 단계로 오면 오히려 상대의 자존심을 상하게 할 수 있습니다. 공감과 이해가 뒷받침되지 않은 제안은 역효과를 부릅니다. 불편한 상황을 모면하려고 진정성 없이 상습적인 멘트로 사용한다면 관계를 유지하는 것조차 힘들겠지요.

감동적인 거절과 냉정한 거절의 차이는 공감과 이해가 있느냐 없느냐의 차이입니다. 어떻게 거절했느냐에 따라 관계를 유지할 수 있고 오랜 관계가 어그러질 수 있어요. 쉽지 않겠지만 앞의 세 단계를 참고해서 거절해보세요. "아니오"라고 말한다고 해서 나쁜 사람이 되지는 않습니다.

05

나를 위한 비전인가,
조직이 정해놓은 틀인가

안정적인 직장인데
꿈을 위해 나와도 좋을지

저는 흔히 말하는 명문대를 나왔지만 졸업 후 여러 가지 사정으로 일이 잘 풀리지 않았습니다. 모든 것이 불확실한 상황에 서른이 넘어가니 겁이 덜컥 나면서 안정적인 삶이 최고라는 생각이 들더군요. 그렇게 공무원시험을 치렀고 원하던 대로 정년이 보장된 직장에 입사했습니다.

그런데 사람 마음이 간사한가 봅니다. 엄청난 경쟁률을 뚫고 들어온 이 자리가 마음에 들지 않습니다. 특별한 비전도 없고 삶이 정체되어 있는 것만 같습니다. 요즘 같아선 다시 시작한다는 마음으로 새로운 일을 하는 게 나을까 하는 생각이 자주 들어요.

친구나 후배가 비슷한 고민을 털어놓을 때 저는 주로 상담을 해주는 쪽이었습니다. 사회에서 방황했던 시간이 길었던 만큼

또래들보다는 세상 돌아가는 이치를 잘 안다고 생각했어요. 그런데 정작 제가 어렵게 들어온 직장에 회의를 느끼는 상황이 되니 당황스럽고 갈피를 잡지 못하겠습니다.

저의 직무는 어떤 가치가 있는지, 제가 어떤 비전을 가져야 하는지, 이 조직에서 안정성 이외에 무엇을 얻을 수 있는지, 그런 생각을 하면 가슴이 답답합니다. 조직의 특성상 주기적으로 업무 환경이 바뀌겠지만, 그렇다고 해서 비전을 발견할 수 있을 것 같지는 않습니다. 비전이 없다고 생각하니까 자기계발에도 소홀해지고 주어진 일만 아무 생각 없이 하게 됩니다.

제가 속한 조직에서 더 큰 비전을 꿈꾸는 건 무리일까요? 비전은 없고 안정만 있다면 그런 일이 무슨 의미가 있을까요? 저는 사라지고 일만 남은 것 같습니다. 아무 비전도 찾아볼 수 없는, 지루하고 무의미한 일이요.

_남성, 34세, 9급 공무원

조직이나 환경이 좋다고 내 꿈을 만드는 건 아닙니다

내 일에 비전이 있는가 없는가? 많은 이들이 여기에 가치를 두고 있습니다. 하지만 저는 이런 이분법은 별 의미가 없다고 생각합니다. 10

년 후 또는 20년 후가 보장되어 있으면 그것을 비전이라고 할 수 있을까요? 9급에서 8급으로, 그리고 7급으로 승진하면 그게 비전일까요? 혹시 비전을 절대적인 잣대로 바라보고 있거나, 혹은 일반적인 가치를 자신의 가치로 여기고 있지는 않은지요. 만약 그렇다면 '일에서 비전을 찾는다'라는 말에서부터 이야기를 시작하고 싶습니다.

지금 하는 일을 평생 할 사람은 많지 않습니다. 바꿔 말하면 비전은 나의 조직이나 환경에서 나오는 게 아닌 거지요. 오히려 비전은 철저하게 주관적인 관점 속에서 존재합니다. 아무리 유망하고 남들이 부러워하는 직종이라도 내가 그 일에 가치를 두지 못하면 비전은 없는 것이나 마찬가지입니다. 비전은 자기 안에 있는 것이기 때문에 환경이나 직종에 비전이 없다고 이직하는 것은 신중히 재고해야 합니다.

이상을 추구하며 오늘을 사는 사람은 거의 없습니다. 대부분은 이번 달의 현실적인 문제를 해결하기 위해 살지요. 일에서 너무 큰 비전을 기대하거나, 이 일에 비전이 있는가 없는가를 판단하는 것도 사실 어려운 문제입니다. 그래서 저는 외부적인 환경에서 비전을 찾는 대신, 내면의 목소리를 듣고 '나만의 비전'을 만드는 방법을 말씀드리고 싶습니다.

우선 5년 뒤의 자신의 나이를 써보세요. 그 나이에 이루면 좋을 것들을 적은 뒤, 주변에서 다섯 살 많은 선배들을 찾아보세요. 그들에게 부럽거나 닮고 싶은 면이 있다면 그것이 내가 진짜 원하는 것인지 생각해보세요. 아마 생각하는 것만으로는 가슴이 뛰지 않을 겁니다. 그렇다면 이제 선배에게 질문해봅시다. 어떻게 살았는지, 왜 그 일을 시작했는지, 무엇이 가장 중요한지 말이에요.

대화가 끝났다면 그것을 시각화할 차례입니다. 선배가 들려준 이야기를 꼼꼼하게 메모한 뒤 잘 보이는 곳에 붙여 두고 자주 읽어보세요. 메모의 내용을 머릿속에 그려보면서 구체적인 이미지를 만들면 더욱 좋습니다. 그 이미지가 나를 즐겁게 하지 못하거나 바라는 일이 아니라는 판단이 들면 메모지를 떼어버리면 그만입니다. 중요한 건 선배들을 만나는 과정에서 쌓은 경험입니다.

이런 경험이 쌓이다 보면 어느 순간 '이런 삶을 살면 좋겠다'라는 생각이 들 겁니다. 그럼 오늘부터 실행에 옮겨야지요. 여기에서 중요한 건 '오늘'입니다. 오늘은 미래를 구성하는 가장 중요한 단위니까요.

하지만 혼자 하려면 엄두가 나지 않을 거예요. 원하는 삶이 무엇인지 알았어도, 어디서부터 어떻게 시작해야 하는지 알지 못하는 경우가 많습니다. 그래서 내가 원하는 미래가 현재의 모습인 사람을 찾아야 합니다. 우리는 그런 사람을 멘토라고 부릅니다.

멘토링은 컨설팅과 다릅니다. 방법을 알려주는 게 아니에요. 멘토링이란 우리가 정해놓은 계획이 잘 이루어지고 있는지, 우리가 가는 방향이 틀리지 않았는지 훈수를 두는 일입니다. 멘토링으로 피드백을 받고 스스로를 점검하면서 5년의 시간을 한결같이 유지해야 합니다.

우리가 방황하는 이유는 지식이나 노하우가 부족해서가 아닙니다. 궁극적으로 무엇을 얻고자 하는지 모르기 때문입니다. 이번 주말, 모임에 나가보세요. 사람들에게 질문하고 그들의 이야기를 들어보세요. 미래의 가치를 함께 결정할 수 있는 사람을 찾아나서는 것이 나의 비전에 한 걸음 더 다가가는 길입니다.

06

일이 막힌다면
우선순위를 체크할 때

Question

**일은 산더미처럼 쌓이고,
무엇부터 해야 할지 막막합니다**

저는 작은 출판사에서 편집자로 일하고 있습니다. 시류나 연봉에 맞춰 자신의 진로를 결정하는 이들도 많지만 제게는 이것이 오랫동안 꿈꿔왔던 일이었어요.

저는 어릴 때부터 책을 좋아했습니다. 학생일 때는 작가가 되고 싶기도 했지만, 언젠가부터 책을 쓰는 사람보다 만드는 사람이 더 대단해 보였어요. 꿈꾸던 대로 '책밥'을 먹는 사람이 되었고, 저는 이 일에서 보람을 느낍니다. 첫 페이지부터 마지막 페이지까지 구석구석 제 손길이 닿은 새 책을 받아들면 얼마나 뿌듯한지 몰라요.

그런데 제 능력은 일을 사랑하는 마음을 쫓아가지 못하는 것 같습니다. 대형 출판사였다면 몇 사람이 나누어 할 일을 이곳에서는 저 혼자 소화하다 보니 더 그런지도 모르겠어요. 책을 기획하고, 저자를 섭외하고, 같은 원고를 수십 번 읽으면서 수정해나갑니다. 원고가 나오기까지도 정신없지만 최종 원고가 확정되면 그때부터는 더 바빠져요. 편집하고, 교정을 보고, 디자이너나 마케터와 세부사항을 조율해야 하니까요.

책의 성격에 따라 사진이나 삽화에 관여해야 할 때도 있고, 번역에 손을 대야 할 때도 있습니다. 심지어 거의 대필에 가깝게 내용을 다듬어야 할 때도 있어요. 영업에도 신경 써야 하고, 인쇄 감리도 나가야 하며, 홍보자료도 써야 합니다. 출판사에서 일하기 전에는 책 한 권을 만드는 데 이렇게 손이 많이 가는 줄 몰랐어요. 이런 일을 몇 권씩 동시에 진행할 때도 많습니다.

좋은 책을 기획하려면 세상을 보는 눈도 밝아야 하고 출판계 동향도 꿰뚫고 있어야 하는데, 책을 읽기는커녕 신간 목록을 훑어보기도 버겁습니다. 나중에 번역가가 되고 싶어 외국어 공부도 하고 있었는데 그건 이미 그만둔 지 오래됐고요.

매일매일 전쟁을 치르듯이 보내지만 제 능력이 그것밖에 안 되는지 마감을 어기는 일이 곧잘 생깁니다. 어쩔 수 없이 초치기를 하고, 그러다 보면 제 자신이 하루살이처럼 느껴져요. 에너지가 바닥나서인지 책상에 산더미처럼 쌓인 원고들 중에 무엇부터 손을 대야 할지 모르겠어요. 막상 일을 시작해도 초조함 때문에 집중이 되지 않고요.

며칠 전부터 밤에 잠이 들면 누군가에게 쫓기는 꿈을 꿉니다.

시간에 쫓기는 압박감이 너무 커서 그런 것 같아요. 어떻게 해야
할까요?

_여성, 30세, 출판사 근무

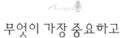

무엇이 가장 중요하고
시급한지 살펴야 합니다

언급한 일도 그렇지만, 어떤 직업은 많은 일을 한꺼번에 처리하며 멀티플레이어가 되어야 합니다. 능력이 부족하다고 자책하거나 절망하지 마세요. 과중한 업무에 짓눌리다 보면 누구나 그럴 수 있습니다. 자신을 '하루살이처럼' 느낄 수 있고, '무엇부터 손을 대야 할지' 모를 수 있어요. 일을 하는 동안에도 쫓기는 기분 때문에 효율성이 떨어지고요. 저도 그럴 때가 있었고, 제게 상담을 받는 분들도 그런 고민을 자주 털어놓습니다.

이렇게 해보면 어떨까요. 무작정 일을 시작하지 말고 해야 할 일들을 리스트로 만들어보는 겁니다. 어떤 사람들은 이렇게 말합니다. 리스트를 작성할 시간에 일을 더 하겠다고요. 그런데 일이 쌓이면 보통은 급한 마음에 눈에 띄는 것부터 먼저 시작합니다. 그러면 중요한 일을 나중에 처리하거나 꼭 해야 하는 일을 빠뜨릴 수 있어요. 리스트를 만드는 건 본격적인 요리에 들어가기 전에 식재료를 다듬는 과정입니다. 공

부를 하기 전에 책상을 정리하는 것에 비유할 수 있겠지요. 할 일을 다 적었다면 분류를 시작하세요.

첫째는 중요하고도 시급한 일입니다. 빨리 넘겨야 그 다음 사람이 남은 과정을 처리해서 마감 시한을 맞출 수 있고, 제때 끝내지 못하면 어마어마한 리스트를 감수해야 하는 일들 말이에요.

예를 들어 고객이 클레임을 넣어 2천만 원의 손해가 예상된다고 합시다. 긴급한 상황이지요. 이런 일은 주저하거나 머뭇거릴 여유가 없습니다. 즉시 가서 고객을 만나야 해요. 비가 온다면 우산을 쓰고 뛰어가야 합니다. 막차가 끊겼다면 택시를 타고 달려가야 합니다. 그렇지 않으면 불이익을 감당해야 하니까요.

둘째는 중요하지만 시급하지 않은 일입니다. 운동, 독서, 외국어 공부, 글쓰기……. 우리는 당장 가시적인 성과가 보이지 않는 일들을 소홀하게 치부하는 경향이 있습니다. 이런 일들의 공통점은 폼이 나지 않는다는 것입니다. 출근 전 비몽사몽으로 피트니스센터에 가는 일이나 퇴근 후 지친 몸을 이끌고 외국어학원에 가는 것이 바로 그렇지요. 이런 일들은 모두 잠을 줄이고 시간을 쪼개 아등바등해야 겨우 해낼 수 있는 일들입니다.

앞서 말한 중요하면서도 시급한 일에 치이다 보면 중요하지만 시급하지 않은 일까지 왜 해야 하나 싶을지도 모릅니다. 하지만 제너럴 마스터보다 스페셜리스트가 되고 싶다면 미래지향적이 되어야 합니다. '도광양회(韜光養晦)', 빛을 감추고 어둠 속에서 은밀히 힘을 기른다는 뜻입니다. 중요하지만 시급하지 않은 일들이야말로 미래를 구성하는 결정적인 것들입니다.

이런 일들은 하루아침에 만들어지지 않기 때문에 시간이 필요하고, 이 시간이 축적되면 남들이 따라올 수 없는 막강한 경쟁력이 됩니다. 그러니 지금 당장 힘들어도 중요하지만 시급하지 않은 일들을 포기하지 마세요.

셋째는 중요하지 않지만 시급한 일입니다. 예를 들어 월요일까지 내야 할 기획안이 있는데 시작도 하지 못한 채 금요일이 되었습니다. 토, 일요일을 여기에만 매달려도 빠듯한데 이번 주 일요일이 후배의 결혼식입니다.

결혼식은 그날에만 이루어지는 이벤트이기 때문에 미룰 수 없는 시급한 일에 속합니다. 하지만 내가 결혼식의 당사자가 아닌 이상 그렇게 중요한 일은 아니지요. 이럴 때는 바쁘지 않은 시기에 그 후배에게 다른 방법으로 갚는다고 생각하며 포기해야 합니다. 주말에도 일을 해야 할 만큼 바쁜데 하필 오래 전부터 약속해둔 모임이 이번 주 토요일이라면, 그럴 때도 과감히 약속을 깨뜨려야 합니다.

결혼식, 동창 모임, 소속된 단체의 총회, 그 모든 곳에 다 참석해야 한다고 생각하지 마세요. 그 행사의 호스트가 아닌 이상 참석하지 않는다고 해서 큰일 나지 않습니다. 선택한 것에 집중하고 선택하지 않은 것을 포기하는 것, 이렇게 선택과 포기가 조화를 이루어야 큰일을 할 수 있습니다.

마지막으로 중요하지도 시급하지도 않은 일들이 있습니다. 사실 우리는 자신이 깨닫지 못하는 사이에 이런 일들로 소중한 시간을 허비하곤 합니다. 잠깐 머리를 식히려고 소파에 누워 텔레비전을 켰는데 한두 시간이 훌쩍 흘러갔다, 뻐근한 몸을 풀려고 사우나에 들렀는데 두어 시간이 그냥 지나갔다, 친구의 카톡에 답장을 했는데 대화가 이어지다 30분이 지났다……. 이런 일이 흔히 있지요. '무의식적으로' 허비하는 자투리 시간을 '의식적으로' 통제할 줄 알아야 합니다.

모든 복잡한 상황의 답은 의외로 간단할 때가 많습니다. 급할수록 돌아가라는 말처럼 하던 일을 멈추고 우선순위 리스트를 만들어보세요. 그것만으로도 엉킨 실타래처럼 복잡하던 머릿속이 조금은 정리될 거예요.

07

그가 한 말 때문에
힘들 때는 상황을 보라

막말부터 하는 고객,
어떻게 해야 좋을까요?

저는 여행사 영업팀에서 일하고 있습니다. 대기업은 아니지만 제가 친구들에게 회사 이야기를 하면 다들 취업 잘 했다고 부러워해요. 저희 사장님은 권위적이지 않고 마인드가 자유로운 분이라 업무 환경이 매우 좋거든요. 팀장을 제외하면 직급이 없기 때문에 사원들끼리 격 없이 지내고, 인센티브도 높아서 다들 자발적으로 일하는 분위기예요. 동종 업계에서는 복리후생도 최고 수준이고요.

회사 자체만 놓고 보면 큰 문제가 없지만 고객들 때문에 너무 힘듭니다. 저는 전화로 상담하는 일이 많은데, 서로 얼굴을 보지 않고 이야기해서인지 막말을 늘어놓는 고객들이 자주 있어요.

물론 이해가 가는 경우도 있습니다. 아주 드문 일이지만 여행사의 발권 실수로 출국하지 못했다거나 담당 직원이 호텔 예약을 잘못 해서 숙박하지 못한다거나 하는 상황이 되었을 때 차분하게 이야기할 수 있는 사람이 몇이나 되겠어요. 그럴 때는 고객이 아무리 펄펄 뛰어도 감수해야 하는 게 당연하죠.

제가 곤혹스러운 건 그런 경우가 아니라 정황도 알지 못한 채 다짜고짜 막말을 들을 때예요. 전화를 받자마자 반말로 환불해 달라고 고함을 지르는 사람이 있는가 하면, 자기 과실이 분명한데 욕설을 섞어가며 잘못을 전가하는 고객도 있어요.

그런 상황에서 침착하게 대응하는 선배들도 있던데, 시간이 지나면 저도 그럴 수 있을까요? 입사한 지 1년이 지났는데 아직도 고객에게 막말을 들으면 손이 벌벌 떨리고 아무 생각이 나지 않습니다. 제가 왜 막말을 들어야 하는지 이해도 안 되고요. 무엇보다 수치심을 견디는 게 너무 힘듭니다.

_여성, 27세, 여행사 근무

Answer 🎙

언어폭력은 결코 이해해야 할 문제가 아닙니다

언어폭력은 근로자와 고객 사이에서 일어나기도 하지만, 사내에서도 적지 않게 생깁니다. 어떤 관계에서 일어나더라도 언어폭력은 그 자체로 부당하기 때문에 이해할 수 없는 게 당연합니다.

구글 맵스의 '헬리콥터 뷰'라는 기능을 아는지요? 창공에서 지상을 내려다보듯이 지도를 볼 수 있게 해주는 기능이에요. 헬리콥터 뷰로 지도를 보면 어떨까요? 전체를 조망할 수 있겠지요. 이제 이것을 질문하신 분의 상황에 적용해보겠습니다.

전화를 받았는데 상대가 갑자기 욕을 퍼붓기 시작합니다. 그 때문에 전화를 받은 쪽은 영문도 모른 채 짓밟히고 있습니다. 이때 '도대체 나한테 왜 이래?', '내가 뭘 잘못했나?', '어디다 대고 화풀이야. 내가 물로 보이나' 하고 생각하면 아무것도 해결할 수 없습니다. 언어폭력의 가해자가 고객이거나 상사라도 '관계'보다 '상황'을 살펴야 합니다. 헬리콥터 뷰로 내려다보듯이 내가 당하고 있는 그 상황 전체를 멀찍이서 바라보는 거예요.

언어폭력의 관점을 관계가 아니라 상황으로 전환시켜야 하는 것은 상처받지 않기 위해서입니다. 길을 가다 모르는 사람이 "너 그렇게 살지 마!"라고 말하면 어떻게 하겠습니까? 황당하기는 하지만 '이 사람 뭐야?' 하면서 그냥 지나치겠지요. 나와 아무 관계없는 사람이니까요.

하지만 똑같은 말을 친구나 동료가 하면 우리는 상처를 받습니다. 친한 사이라면 더욱 그렇지요. 아는 사람에게 당한 이런 일들은 사과를 받고 화해해도 완전히 잊히지 않고 아물지 않은 채 마음 어딘가에 남아 있습니다. 그 상처는 관계에서 비롯된 것이기 때문입니다.

누군가에게 언어폭력을 당할 때 상황을 중심으로 바라보면 이렇게 생각할 수 있습니다.

'저 사람이 나한테 화풀이하고 있구나.'

'지금 나한테 실수하고 있네.'

이렇게 생각하면 적어도 폭언이 주는 굴욕감에 움츠러들지 않습니다. 고객이 막말을 퍼부어도 선배들은 침착하다고 했는데, 그들도 아무렇지 않을 수는 없을 겁니다. 다만 상황 중심으로 바라보고 평정심을 유지하려고 노력하는 것이지요.

반면에 질문하신 분은 같은 일을 당할 때 이해해보려고 애쓰지는 않는지요? 우리가 언어폭력을 참지 못하는 것은 그것을 이해의 문제로 바라보기 때문입니다. 내가 왜 이런 일을 당하는지 아무리 생각해도 이해되지 않기 때문에 화가 나고 속상합니다. 하지만 앞에서 말했듯이 이것은 이해하고 말고 할 것이 없습니다. 그냥 상황만 알면 됩니다. 내가 이런 일을 당할 만큼 뭔가 잘못했을 거라는 생각도 하지 말기 바랍니다.

또 한 가지 알아둬야 할 것은 언어폭력에 반응하는 것은 느릴수록 좋다는 사실입니다. 폭언에는 논리도 없고 의미도 없습니다. 오직 감정만 있지요. 감정적인 폭언에 즉각적으로 반응하는 것은 또 다른 감정일 뿐입니다. 폭언을 들을 때 우리의 반응은 논리와 의미가 아니라 격앙된 목소리, 빈정거리는 표정, 굴욕감을 주는 몸짓에 초점이 맞춰져 있습니다. 결국 당하는 사람도 막말로 받아치거나 심한 경우 주먹이 날아가기도 하겠지요. 의식적으로 최대한 느리게 반응하세요. 아예 귀를 닫고 무시하는 것도 방법입니다.

마지막으로 잊어버리는 것이 중요합니다. 잊어버린다는 것은 사건을 확대하지 않는다는 뜻입니다. 쉽게 말해 누구에게도 하소연하지 않는 것이지요. 내가 당한 일을 하소연하는 순간 그 일은 내 입을 거쳐 리뷰가 되고, 리뷰는 소문이 되며, 그 소문을 듣고 내게 되묻는 사람이 생겨납니다. 그러면 잊으려 해도 지속적으로 그 기억을 떠올리게 됩니다. 결국 불쾌했던 경험에서 헤어나기가 힘들겠지요.

질문하신 분의 사례와는 다르지만, 어떤 사람들은 상습적으로 막말을 하는 상사나 동료 때문에 고통을 겪기도 할 겁니다. 상대의 버르장머리를 고쳐놓겠다거나 받은 만큼 되돌려주겠다고 결심할 수도 있을 거예요. 하지만 습관적으로 폭언하고 그 사실조차 잊어버리는 사람이라면, 혹은 폭언을 하면서 그게 폭언인지도 모르는 사람이라면 쉽게 고칠 수 있는 성격도 아닐 겁니다.

혹시 그런 상사나 동료 때문에 힘들어 한다면 상처가 된 일을 종이에 적은 뒤 시원하게 찢어버리면 어떨까요? 그리고 쓰레기통에 들어간 종잇조각들처럼 기억에서 지워버리는 거예요. 만약 상대가 사과하더라도 자신이 잊어버린 뒤라면 쿨하게 받아들일 수 있지 않을까요.

수많은 사람들을 대하다 보면 개중에는 폭력적인 언사로 나를 상처입히는 사람도 있을 겁니다. 하지만 그럴 때조차 자신을 지켜야 합니다. 관계 중심의 시각을 상황 중심의 시각으로 바꾸는 것, 이것으로 마음을 평화롭게 다스리기를 바랍니다.

08

커리어는 체력과
시간관리에서 시작한다

Question

나만의 커리어를 키우고 싶은데,
어떻게 해야 할까?

첫 출근하는 날, 제 자신과 약속했습니다. 어떤 일이 있더라도 영어와 중국어 공부는 게을리 하지 말자고요. 지금 회사에서 경력을 쌓은 뒤 3년쯤 지나면 외국계 기업으로 이직하는 게 목표였지요.

한동안은 출퇴근하는 지하철 안에서도 이어폰을 꽂은 채 외국어 공부를 하고, 퇴근 후 피곤한 몸을 이끌고 학원도 갔습니다. 화장실에서도 교재를 들고 볼일을 볼 만큼 의욕적이었어요. 하지만 야근이다, 회식이다 해서 몇 번 학원을 빼먹고 나니 진도도 밀리고 시들해져 그만두었지만요.

그렇게 3년이 지난 지금, 이직은커녕 첫 직장에 눌러앉아 출근,

퇴근, 취침, 이 세 가지만 부지런히 하고 있습니다. 사회생활을 하다 보면 다들 이렇게 된다지만 저는 아닐 줄 알았어요.

계속 이렇게 살아도 될까 하는 생각도 들지만 그것도 잠시, 여전히 저는 눈을 반쯤 감은 채 출근하고, 퇴근하면 침대에 드러누워 텔레비전부터 켭니다. 자기계발은 이미 남의 이야기고요.

이 악순환을 끊고 싶습니다. 좀 더 시간이 지나면 이런 생활에 문제의식조차 없어질 것 같아요. 그때가 되면 다들 이렇게 사는 거려니, 한심한 자기합리화나 하면서 지금의 일상에 찌들겠죠. 생각만 해도 끔찍합니다.

제가 꿈꾸던 미래, 전 세계에서 모인 동료들과 유창한 외국어로 소통하며 일하는 제 모습은 이제 상상 속에서도 흐릿해지기만 합니다. 제 커리어에 어떤 확신도 가질 수 없는 이런 현실에서 저는 무엇부터 시작하면 좋을까요?

_남성, 33세, 관리직

체력을 충분히 키우고,
나만의 시간을 가져보세요

동서고금을 막론하고 불황이 없는 사업이 점집이라고 하지요. 우스갯소리 같지만 많은 사람들이 미래에 막연한 두려움을 갖고 있음을 시사하는 이야기입니다.

커리어를 관리하는 방법으로 두 가지를 공유하고 싶습니다. 하나는 체력관리입니다. 여기서 체력이란 육체적인 활동을 하는 물리적인 힘이 아니라 일을 하면서 생기는 에너지를 뜻합니다.

사회 초년생들은 업무를 진행할 때 의사결정을 하지 못하고 시키는 대로 쫓아다니게 됩니다. 몹시 힘들지요. 단체 달리기를 할 때도 뒤에서 달리는 사람이 제일 힘든 법입니다. 쫓아가야 하니까요. 자신이 주도할 수 있는 일이 없기 때문에 맥 빠지는 상황도 발생할 겁니다. 업무 지시를 잔뜩 받고 열심히 했는데 갑자기 회사에서 진행을 취소하는 경우가 있지요? 허탈하고 속상할 거예요. 하지만 이런 상황에서조차 우리는 자신의 에너지를 잘 관리해야 합니다. 정신적인 맷집을 기르는 거예요.

단순히 물리적인 체력이 좋다고 일을 잘할 수 있는 건 아닙니다. 많은 사람들을 만난다고 해서 스트레스가 풀리는 것도 아니고요. 맥 빠지고 허탈한 일을 어떻게 이겨내는지가 중요합니다. 자신의 역할이 무엇인지, 스스로 노력해서 만들어낼 수 있는 성과는 어떤 게 있는지 생각해보세요.

이런 생각이 쌓이면 자신의 체력을 파악할 수 있고, 체력을 파악하고 나면 현실감각을 유지할 수 있습니다. 이상이 현실을 끌어안으면 균형이 생기지만, 균형이 깨지면 체력 관리에 실패합니다. 미루지 말고 지금부터 균형을 잡기 위해 노력하세요. 가면 갈수록 일은 더 많아질 것이고 피로도 더 크게 몰려올 테니까요.

커리어를 관리하는 또 하나의 방법은 시간관리입니다. 하루를 퇴근

이전과 이후로 나눠봅시다. 신입사원일 때는 출근하는 것이 힘듭니다. 아침에 벽지를 뜯으며 일어나죠. 하지만 이것은 1년만 지나면 몸이 알아서 적응합니다. 중요한 것은 퇴근 이후의 시간이에요. 이 시간을 얼마나 잘 관리하느냐가 관건입니다.

남에게 휩쓸려 다니는 시간이 얼마나 되는지 생각해보세요. 회식, 경조사, 모임……. 참석해야 할 자리가 많을 거예요. 하지만 다 참석하지 않아도 괜찮습니다. 동료나 선배들이 퇴근 후에 회사 앞에서 한잔하자고 권할 때도 있지요? 하지만 퇴근하면 회사 주변에는 얼씬하지 말아야 합니다. 회사 근처에서 동료들과 일의 연장선상에 있는 것도 지양하세요. 자신의 시간을 위해 그런 자리를 마다하거나 박차고 나올 줄도 알아야 합니다.

하지만 어렵게 거절하고 나온 뒤 집에서 텔레비전만 본다면 시간을 확보한 의미가 없겠지요. 그래서 스스로에게 주어진 시간에 무엇을 해야 하는지 정확히 알고 있어야 합니다. 자격증을 따거나 외국어 공부를 하더라도 퇴근 후 일과는 자신의 가능성을 탐구하는 시간으로 삼아보세요. '축적되는 일'을 하는 것이 중요합니다.

하루 3시간씩 10년을 꾸준히 하면 1만 시간이 쌓입니다. 이것은 인생을 바꿀 만한 긴 시간입니다. 하지만 오늘의 3시간과 내일의 3시간은 관계가 없습니다. 오늘 3시간을 하고 내일 아무것도 하지 않으면 소용없는 거예요. 꾸준한 노력과 성찰이 중요합니다. 3시간이 힘들다면 1시간이라도 좋습니다. 퇴근 후에 자기 시간을 갖도록 하세요. 자기계발만이 아니라 스트레스를 풀 수 있는 힐링 시간이 될 거예요. 자신의 커리어를 차곡차곡 만들며 미래를 향해 전진하는 시간이니까요.

시간을 관리하는 또 다른 방법으로는 자투리 시간을 활용하는 '좋은 습관'을 들 수 있습니다. 아는 것이 없으면 보이는 것도 없습니다. 내 안에 차곡차곡 지식이 쌓일 때 새로운 일이 벌어집니다. 독서를 하고 정보를 찾고 외부에서 쏟아져 나오는 것들을 충실히 습득해나가는 습관을 기르세요. 습관은 무의식적인 행동이기 때문에 나도 모르는 사이 반복하고 맙니다. 그런데 습관은 무의식적인 행동이면서 의식적인 결정과 선택이기도 합니다.

예를 들어 독서를 습관으로 갖겠다고 결심했다면 당장 책 읽기가 버거워도 들고 다니기라도 해보세요. 점심식사를 하고 왔는데 업무를 시작하기까지 10분의 여유가 있다, 고객을 만나러 갔는데 약속시간이 15분 정도 남았다면 그 시간에 의식적으로 책을 펼치는 겁니다. 책 한 권을 정독했을 때의 보람, 뿌듯한 기분, 감성의 성장, 그런 보상들을 상상하면서요. 틈날 때마다 이 행동을 반복하면 그것이 곧 습관이 됩니다.

이제껏 불투명한 미래로 답답했다면 지금부터는 체력 관리와 시간 관리에 힘을 쏟아보세요. 그리고 자신의 에너지를 곰곰이 생각해보기 바랍니다.

09

업무 효율을 높여주는
체계적인 관리법

Question

'민폐녀'가 두렵고,
그래서 더 일을 잘하고 싶어요

사회에 첫발을 내딛은 지 6개월밖에 안 된 사회 초년생입니다. 바보 같은 소리지만 저는 학창 시절에 공부를 곧잘 했기 때문에 제가 일도 잘할 줄 알았어요. 학교와 사회가 다르다는 것도, 학습능력과 업무능력이 별개라는 것도 몰랐던 거예요. 공부만 했지 아르바이트 경험 한 번 없었거든요.

취업 후 반 년이 지났지만 아직 저는 우왕좌왕하고 있는 것 같습니다. 상사가 지시하는 것도 이해하지 못할 때가 많고, 업무적으로 만난 사람들과 대화하는 요령도 잘 모르겠어요. 솔직히 말하면 전화를 받는 것처럼 기본적인 일조차 서툴러요. 돌발 상황이라도 발생하면 허둥지둥하다가 선배들에게 폐를 끼치기 일쑤고요.

얼마 전, 대학 선배를 만나서 이런 고민을 털어놓았더니 아직 신입이라서 그렇다고 하더군요. 하지만 저를 위로해주려고 그냥 하는 말인 것 같아요. 함께 입사한 동기들이 다 저 같지는 않거든요. 동기들은 싹싹하고 빠릿빠릿하게 적응해나가는데 저만 뒤처져 있어서 조바심이 나요. 스스로도 이렇게 요령이 부족한 사람인지 몰랐기 때문에 많이 실망스럽네요.

나름대로 열정은 있는데 왜 마음처럼 일이 풀리지 않는지 모르겠어요. 이러다 회사에서 민폐녀로 낙인찍힐까 두렵습니다. 일을 잘하는 방법이 있을까요?

_여성, 25세, IT 회사 근무

열정과 패기만으로는
현실을 이길 수 없습니다

사회와 학교가 많이 다르지요? 인간관계에서도 선생님과 친구들을 대할 때와는 큰 차이를 느낄 거예요. 완전히 다른 세계에 편입되어 혼란스러워하면서도 잘 해보고 싶다는 신입사원의 열정이 느껴집니다. 그러나 열정과 패기만으로는 일을 잘할 수 없다는 것, 이미 경험해봤기 때문에 잘 알 거예요.

일을 잘하는 방법은 여러 가지가 있지만 너무 많은 방법은 현실에 적용하기가 쉽지 않을 것 같습니다. 그래서 세 가지만 말씀드리겠습니다. 이 세 가지 방법은 공부하고 있거나 취업을 준비한다면 반드시 필요합니다.

첫째, 계획을 세워야 합니다. 이것은 일의 순서를 정한다는 뜻입니다. 머릿속에 있는 복잡한 상황을 정리하는 작업이고, 그중에서 우선순위를 선택하는 과정입니다. 사람들은 지킬 수 없을지 모른다는 불안감 때문에 계획을 세우는 일을 부담스러워합니다. 심지어 돌발 상황이나 변수가 생겨 계획이 틀어지면 우울증이 온다는 이들도 있습니다.

그럼에도 불구하고 계획을 세우지 않으면 오늘 해야 할 일을 하지 못할 가능성이 높습니다. 열정적인 사람들이 자주 하는 실수가 눈에 보이는 일부터 처리하는 것입니다. 일 욕심이 많아서 미결된 일을 두고 보지 못하고, 당장 저 일을 처리해야 한다는 충동을 참을 수가 없는 거지요. 나는 일을 앞에 두고 인내심을 가질 수 있는지 스스로 한번 생각해보세요.

계획을 가시적인 형태로 기록하는 이유는 오늘 해야 할 일을 하기 위해서이기도 하지만, 오늘 하지 않아도 되는 일을 하지 않기 위해서이기도 합니다. 이렇게 적어 놓지 않으면 괜한 부담감에 짓눌려 하지 않아도 될 일을 먼저 하는 오류를 범합니다. 오늘 오후 6시까지 해야 할 일은 무엇인가요? 내일 해도 괜찮은 일은 내일의 계획으로 남겨두세요. 이것만 잘해도 일의 효율성이 높아집니다. 변수를 두려워하는 것은 과감히 젖혀둡시다. 늘 발생하는 일이 아니니까요.

둘째는 피드백입니다. 보고를 잘 하느냐 못 하느냐는 곧 일을 잘하느냐 못하느냐 하는 문제와 직결됩니다. 보고는 미완성일 때 해야 합니다. 내 의도대로 일이 풀리지 않고 있다면 더욱 빨리 알려야 합니다. '이게 아닌데' 하면서 머뭇거리다가 때를 놓치면 걷잡을 수 없이 빗나가고 말지요. 일이 풀리지 않는 게 잘못이 아니라 신속히 되돌리지 못하는 것이 잘못입니다.

하지만 아무때나 보고해서는 잘 되지 않겠지요. 시간, 장소, 환경이 중요합니다. 보고가 성공적이지 못했다면 타이밍을 잘 맞추지 못한 건 아닌지 생각해보세요. 보고하기 전 팀장님께 시간과 장소를 먼저 말씀 드리면 좋겠습니다. "내일 오후 2시에 회의실에서 이런저런 사안을 보고 드리겠습니다"라고요. 그러면 팀장님도 준비하시겠지요? 보고에 따른 피드백도 훨씬 좋아질 테고요.

마지막으로 오피스 프로그램 등 각종 도구를 잘 활용하는 능력도 필요합니다. 이삿짐센터 직원들은 단 세 명이 집 한 채를 옮깁니다. 보잘 것없어 보이는 수레와 바구니가 없다면 그렇게 할 수 있을까요? 훨씬 많은 시간과 비용이 들겠지요. 이것이 도구의 힘입니다.

이미 많은 회사나 공공기관에서 시행하고 있는 SNS 행정도 도구를 활용하는 좋은 예입니다. 하지만 작게는 업무능률을 향상시켜주는 '깨끗한 책상'이나 중요한 일을 기록해둔 '메모장'도 도구라고 할 수 있습니다. 주변의 모든 것을 활용하세요.

업무 효율성은 업무 양보다 중요합니다. 단순한 열정은 업무 양을 감당하게 하지만, 체계적인 관리는 업무를 효율적으로 만들어줍니다. 그러니 오늘 해야 할 일에 최선을 다하세요. 사소한 문제라도 상사에게 말씀드리세요. 업무 진행을 최적화할 수 있는 자기만의 도구 활용법을 갖추세요.

이 세 가지 방법으로 모든 것이 낯설고 혼란스러운 신입사원 시절을 잘 넘기기 바랍니다. 응원하겠습니다.

10

변화, 갑자기 찾아올수록
갑자기 사라진다

Question

남과 다른 나,
새로운 길을 꿈꾸고 있습니다

얼마 전, 한동안 만나지 못했던 친구들과 술자리를 가졌습니다. 직장을 다니면서부터 연락도 못 하고 지냈지만 한때는 함께 취업을 준비하며 동고동락했던 친구들입니다.

그런데 오랜만에 만난 친구들은 그 사이 새로운 도전을 준비하고 있더군요. 한 녀석은 온라인 쇼핑몰 창업을 고려하고 있고, 또 다른 녀석은 오래 전부터 꿈꿨던 셰프가 되려고 요리학교로 유학을 준비하고 있고요. 솔직히 좀 충격을 받았습니다. 그러다 친구들이 제 근황을 묻기에 지기 싫은 마음에 저도 큰소리를 쳤어요.

"안 그래도 조만간 일 하나 크게 벌이려고 생각 중이야."

객기라면 객기지만 그 상황에서 곧이곧대로 말할 수가 없더군요. 사실 저는 취업한 것만도 감지덕지하면서 지금의 생활에 감사하고 있었거든요. 네, 저는 새로운 삶에 도전하는 친구들이 부러웠고, 동시에 저도 변화의 물결에 동참하고 싶었습니다.

말의 힘은 참 무서운 것 같습니다. 아무 생각 없이 뱉은 말인데, 말을 뱉고 나니 생각하게 되더라고요. 제 삶에 변화가 필요하다는 게 절실히 느껴졌습니다. 창업이 여의치 않다면 저도 예전부터 하고 싶었던 건축 공부를 위해 스페인에 유학 가고 싶습니다.

너무 충동적인 것 아니냐고 하겠지만, 30대 중반이 되기 전에 제 인생에 터닝 포인트를 마련해야겠다고 생각한 지는 오래되었습니다. 친구들과의 만남은 그 생각에 불을 지핀 것뿐이지요.

하지만 막상 시작하려니 겁이 나는 것도 사실입니다. 될 대로되라고 저지르고 보기에는 이제 그렇게 적은 나이도 아니고요. 변화를 시도하는 것도 두렵지만 더 나이 들었을 때 '그때라도 시작할걸' 하고 후회하는 건 더 두렵습니다. 그래도 두려움보다는 기대감을 따르는 것이 더 건설적이라는 생각에 조언을 구해봅니다.

이미 마음은 굳혔습니다. 앞으로 저는 무엇을 어떻게 준비하면 될까요?

_남성, 34세, 인테리어 디자이너

남이 아니라 내 현재의 힘을
축적하고 키울 때입니다

　인생의 전환점을 맞은 친구들을 보면서 자기 인생에 변화를 일으키고 싶은 마음이 들었군요. 막연하게나마 오래 전부터 추구해온 변화라면 지금의 열정이 얼마나 크겠습니까. 한편으로는 자신을 되돌아보는 계기가 되었을 것 같기도 하고요.

　우선 자신의 무엇을 변화의 바탕으로 삼을지 생각해보는 게 좋겠습니다. 구체적으로는 '현재 갖고 있는 것'으로 결정하느냐, '조금 더 쌓인 경험'으로 결정하느냐 하는 것도 고려해야겠지요. 언제부터인가 우리 사회에서 '대박'이라는 말이 흔해졌지만 변화는 대박처럼 오지 않습니다. 충동적인 결정이 아니라 확실한 경험을 토대로 꿈을 실현해야 합니다.

　그럼에도 불구하고 당장 변화가 필요하다고 생각하다면, 몇 가지 조언을 드리고 싶습니다.

　하나는 간접경험에 관한 것입니다. 우리는 보통 새로운 사업을 시작하거나 오랫동안 꿈꿔왔던 일을 실행하려고 할 때, 멋진 일들이 폭죽처럼 터질 거라고 기대합니다. 화려한 미래는 준비 단계부터 폼날 거라고 믿기 때문입니다. 하지만 우리가 당장 준비해야 할 것들은 화려하지도 폼나지도 않습니다. 오히려 미래가 반짝이면 반짝일수록 현재는 누추하고 고달프지요. 큰 변화를 이루는 것은 그런 현재가 모이면서 축적된 힘입니다.

축적된 힘은 경험에서 나옵니다. 그런데 청년들은 장년보다 상대적으로 경험이 적기 때문에 간접경험이 필요합니다. 선배들을 만나보세요. 발품을 팔아야 합니다. 한 사람을 여러 번 만나도 좋고 여러 사람을 주기적으로 만나도 좋습니다. 이때 '선배의 현재 경제적, 사회적인 상황', '어떤 사업을 꿈꿨는가', '실패와 극복의 경험', '현재 삶에 얼마나 만족하는가' 이렇게 네 가지 질문 리스트를 지참하길 권합니다. 선배의 현재를 자신의 미래라고 생각하면서 질문해보는 거예요. 이 과정은 자신의 미래 체험을 위해 필요합니다. 그렇게 몇 번의 만남을 이어가다 보면 하지 않아도 되는 일이 보일 겁니다.

'대학원은 갈 필요가 없겠네.'

'당장 이직하기보다는 지금 직장에서 경력을 좀 더 쌓는 것이 좋겠어.'

'창업을 만만하게 보면 큰 리스크를 감수해야 하는구나.'

이렇게 포기 리스트가 생기면 반대로 해야 할 일도 뚜렷해집니다. 더 나은 직장, 더 빠르게 승진하기 위해 준비해야 할 일들이지요. 이때 필요한 것이 단기 실행력입니다. 독서를 예로 들자면 1년치 독서 계획을 잡지 마세요. 대신 오늘 읽을 책만 결정하는 겁니다. 무엇이라도 길면 부담이 생기니까 짧게 가는 게 좋아요.

다음은 기록하고 피드백할 차례입니다. 오늘 어떤 책을 읽었고, 어떤 생각을 했으며, 어떤 부분을 기억할지 쓰는 거예요. 자신의 목표를 되새기고 그에 따른 성과가 어떤지 살펴보는 것을 습관화해야 합니다.

어쩌면 제가 말씀드린 네 가지 방법은 열정에 불타고 있는 이들이 보기에 다소 느리고 답답한 방법일지 모릅니다. 하지만 성공적인 변화에 이르는 지름길은 따로 있지 않습니다. 대신 꼭 거쳐야 할 과정은 있지요. 간접경험, 포기 리스트, 단기 실행력, 그리고 피드백이 그것입니다.

한 가지 덧붙이자면 나를 남과 차별화하는 것은 돈이 아니라 시간입니다. 호화로운 외제차를 탄다거나 값비싼 명품으로 치장하는 것도 남과 다르고 싶다는 욕망의 표현이겠지요. 하지만 외제차나 명품 가방이 나와 남을 차별화하는 '특별함'이 되지는 않습니다.

반면에 시간이 필요한 것들은 한번 구축하고 나면 결코 빼앗기지 않습니다. 기술로 치자면 쉬운 기술은 빼앗기기 쉽지만 어려운 기술은 설계도를 도둑맞아도 기술까지 훔쳐가지는 못합니다. 오리지널 기술자만이 그 설계도를 이해할 수 있으니까요.

변화를 추구한다면, 그리고 그 변화가 원대한 것이라면 시간이 축적한 경험의 힘을 무기로 삼아야 합니다. 갑자기 찾아온 변화는 갑자기 사라집니다. 우리가 변화를 꿈꿀 때 더 침착해져야 하는 이유입니다.

PART 2

남들에게 인정받고
싶은 당신에게

내가 무엇을 해야 하는지, 내 능력을 챙기기보다
내게 주어진 역할을 아는 것이 우선이다.

01

그들의 기준이 될
나만의 스펙을

Question

다른 곳으로 옮기고 싶지만
남다른 스펙이 없는 나

저는 중소기업 관리부에서 7년째 근무하고 있습니다. 그동안 열심히 일했고 제 일에 애정도 갖고 있었어요. 오랫동안 해온 일이라 익숙하기도 하고요.

그런데 얼마 전부터 문득 공허합니다. 왜 더 나은 생활을 꿈꾸지 않았을까요. 4년째 오르지 않는 연봉을 보면서도 왜 이직을 생각하지 않았을까요. 남들이 더 높은 곳, 더 넓은 곳으로 나아가려고 발버둥치는 동안 저만 그대로였던 것 같습니다.

좀 더 큰 회사에서, 좀 더 많은 연봉을 받으면서 일해보고 싶은 욕심을 이제야 품었지만, 7년 동안 쉴 새 없이 일했다는 것 빼고는 내세울 게 하나도 없네요. 그나마도 구직사이트에 들어가 보니 한 회사에서 오래 일했다는 건 장점이 아니라 단점인 것 같더라고요. 저보다 어리고 스펙이 좋은 사람들 사이에서 제가 가진 단순한 경력이 무슨 소용이겠어요.

그제야 깨달았어요. 이직 한 번 생각하지 않고 붙박이처럼 있었던 건 그저 그런 현실에 만족하면서 안주한 거라는 사실을요. 서류전형도 통과하지 못하는 걸 보면 나이 많고 스펙 없는 사람을 원하는 회사는 한 군데도 없나 봐요.

이 회사를 그만두면 저는 정말 갈 곳이 없을까요? 이제라도 스펙을 쌓으려면 어떻게 해야 할까요? 스펙이 없으면 더 나은 생활을 꿈꾸는 건 무리일까요?

_여성, 35세, 건설 회사 근무

열심히 스펙을 쌓았는데
또 다른 스펙을 요구합니다

저는 광고 회사에서 일하고 있습니다. 다른 사람들에 비해 취업이 무척 순조로웠는데, 20대 내내 스펙 쌓기에 골몰했던 덕이 아닌지 싶습니다. 인턴 경험, 동아리 활동, 자격증 취득, 봉사활동, 공모전 수상, 이렇게 5개를 묶어 '스펙 5종 세트'라고 하던데, 저는 그 모든 부분에 꽤 괜찮은 이력을 갖고 있었고, 학점과 토익 점수도 높았습니다.

그런데 요즘, 스펙이 그다지 좋지 않았던 친구가 같은 업계에

서 승승장구하는 모습을 보면서 회의감이 듭니다. 원하던 직장
에 취업했을 때는 세상을 다 가진 것 같았는데 지금 저는 회사에
서 두각을 드러내지도 못하고 원인을 알 수 없는 허탈감에 시달
리고 있거든요.

막상 회사에 들어와 보니 스펙은 취업에만 필요했을 뿐 회사
생활에는 그다지 중요하지 않은 것 같습니다. 필요한 것을 갖추
려고 노력했고 원하던 자리를 얻기 위해 최선을 다했지만, 여기
에서 더 올라가려면 어떻게 해야 하는지 모르겠습니다.

지금 저는 제가 가진 능력 이외에 다른 것을 요구받는 시기인
듯합니다. 또 다른 능력이란 또 다른 스펙을 의미하는 게 아닌지
싶기도 하고요. 지금 제게 어떤 스펙이 필요할까요?

_남성, 33세, 광고 회사 근무

해냈다는 순간이
진정한 스펙을 쌓을 때입니다

스펙이 없어서 고민이라는 여성분과 스펙은 쌓았지만 또 다른 스펙
을 요구받는다는 남성분께 같은 해결책을 드리고자 합니다. 전혀 달라
보이는 상황에서 나온 두 질문이 본질적으로는 동일하기 때문입니다.
얼마 전에 저는 한 아이와 이런 대화를 나누었습니다.

"네 꿈이 뭐니?"

"의사요."

"어떤 의사?"

"어떤 의사는요, 돈 많이 버는 의사죠."

"그럼 어떤 돈 잘 버는 의사가 되고 싶니?"

"성형외과 의사를 하면 되잖아요."

저는 몹시 안타까웠습니다. 이 아이는 성형외과 의사가 되는 순간 삶이 거기에서 끝날 가능성이 높기 때문입니다.

광고 회사에 근무한다는 남성 분은 '필요한 것을 갖추려고 노력했고 원하던 자리를 얻기 위해 최선을 다했지만' 아이러니하게도 '허탈감'을 느끼고 있다고 했습니다. '원인을 알 수 없다'고 했지만 질문 내용을 들여다보면 경력에 자신의 스펙은 없고 남이 인정하는 스펙만 있습니다.

우리 사회에서 스펙이란 학력, 학점, 토익 점수 따위를 뜻하는 말로 쓰이지만, 이처럼 다 이루는 순간 허탈해지고 삶이 무너지는 것은 진정한 스펙이 아닙니다. 진짜 스펙, 나만의 스펙은 앞의 것을 다 이룬 후 어떻게 살 것인가 하는 질문에 대한 대답이에요.

스펙이 없어서 '이제라도 스펙을 만들고자' 하는 경우도 마찬가지입니다. 진정한 스펙을 만들려면 지금은 없는 꿈을 꿔야 합니다. 남들보다 늦게 스펙을 만들려고 한다면 더더욱 그렇습니다. 자신의 스펙이 작게라도 산업이 되어야 하고, 자신의 기준이 누군가에게 영향을 미칠 수 있어야 합니다. 남들이 다 가진 스펙을 쫓아가려고 뒤늦게 애써봤자 남들과 다른 사람이 될 수 없습니다. 잘해야 누군가의 아류가 될 뿐이고, 자신을 차별화하는 경쟁력이 되지는 못합니다.

제 꿈은 현재 제가 하고 있는 일이었습니다. 중국에서 뭔가를 하고 싶었는데 중국에 갈 수가 없었지요. 중국어를 전공했지만 중국어를 잘하지도 못했어요. 그래서 하루 1시간씩 3년 동안 중국어 테이프 5개를 반복해서 들었습니다. 물론 그렇다고 3년 뒤에 귀가 뻥 뚫리지는 않았어요. 그러나 저는 제 몸 속에 없었던 DNA를 새롭게 만들어 넣는 그 시간이 중요했다고 생각합니다.

자, 그럼 제가 하루 1시간씩 3년 동안 중국어 테이프를 들은 것이 스펙일까요? 시험을 보고 좋은 점수를 받았다면 그렇겠지만, 당시에는 중국어 능력을 평가하는 HSK 시험이 없었습니다. 중국어를 잘하고 못하고의 기준이 없었던 거지요. 그렇다면 제 중국어 실력은 스펙이 아닐까요? 그렇지 않습니다. 시험이라는 기준이 없었기 때문에 제 중국어 실력은 중국어를 공부하는 다른 사람들의 기준이 되었습니다. 또 다른 의미의 스펙으로서 가치를 가진 것이지요.

결국 우리는 누군가가 이미 세워 놓은 기준 안에서 살고 있는지 모릅니다. 기준으로부터 멀리 떨어져 있을수록 새로운 기준을 만들 수 있습니다. 우리가 2G 휴대폰을 쓸 때 스마트폰을 꿈꿨던 사람이 몇이나 될까요? 빌 게이츠나 스티브 잡스는 물건을 판 게 아니라 기준을 팔았던 사람들입니다.

자격증도 좋고 외국어 공부도 좋습니다. 하지만 그런 것으로 직업을 구했다면 그때부터는 새로운 스펙을 창조하는 데 노력해야 합니다. 그리고 그것은 이때까지 쌓아온 스펙과는 다른, 남들에게 기준이 되는 스펙이어야 하겠지요.

그렇다면 그 기준이란 구체적으로 무엇을 말하는 걸까요? 바로 매뉴얼입니다. 자신이 갖고 있는 스펙을 매뉴얼화하세요. 다른 사람에게 전해줄 수 있도록 말이에요. 블로그를 만들거나 SNS를 활용하는 것도 좋은 방법이겠지요. 매뉴얼화하지 않으면 자신의 경험과 스펙은 남들에게 아무 영향도 미칠 수 없습니다.

운전면허가 있는 사람들은 대부분 각자의 스토리가 있습니다. 필기를 다섯 번 떨어졌는데 실기는 단번에 붙었다거나, 필기는 만점을 받았지만 실기를 1년 동안 봤다거나. 국내의 한 자동차 회사에서 약 900번 만에 면허시험에 합격한 사람에게 차를 선물한 것이 이슈가 된 적이 있습니다. 하지만 900번이라는 횟수보다 중요한 것은 바로 하나의 스펙을 만드는 과정에서 생긴 스토리입니다.

운전면허 하나 따기에도 이렇게 구구절절한 이야기가 넘쳐흐릅니다. 그러나 우리는 운전면허를 비롯해 어떤 스펙을 만드는 과정에서 생긴 일을 기록해두거나 다수의 사람들과 공유하지 않습니다. 나의 스토리가 다른 사람의 기준이 되고, 영향을 미칠 수 있는데 말이에요.

다른 사람들에게 보여줘야 할 것은 성과가 아닙니다. 매뉴얼이고 원칙입니다. 자신이 어떤 일을 이루기 위해 썼던 방법이 다른 이들에게도 적용할 수 있는지 아닌지를 보여줘야 하는 거지요.

스펙의 가치는 그 스펙을 위한 나의 과정이 다른 사람의 문제를 해결해줄 수 있느냐 그렇지 않느냐로 결정됩니다. 일과 학업에서 스트레스를 받는다면 먼저 자신의 스펙에 가치를 부여하세요. 특별한 게 아닙니다. 자신의 한계와 약점을 정확히 파악하고 인정한 다음, 노력하는 것입니다. 이것이 흔들리면 나는 다른 사람에게 필요 없는 사람이 됩니다.

　나의 스펙이 타인의 꿈이 될 수 있다는 것을 기억하세요. 나의 스펙이 타인의 꿈이 될 수 있으므로 더 열심히 살아야 한다고 다짐하세요. 당신의 삶이 누군가에게는 소중한 선물일 수 있습니다.

　원하는 것을 다 해냈다고 느끼는 순간부터 진정한 스펙이 시작됩니다. 스펙을 얻으려는 나의 스토리가 다른 사람들의 문제를 해결하는 솔루션으로 기능할 때 비로소 스펙은 가치를 지닐 수 있습니다.

　성형외과 의사를 꿈꾸는 그 아이가 나중에라도 그 일의 가치와 다른 사람들에게 미칠 영향을 생각해보면 좋겠군요. 아울러 두 분도 '나만의 진짜 스펙'을 만들어나가기 바랍니다. 혹시, 아직도 남이 인정하는 스펙에 매달리고 있나요?

02

비전과 갈등으로 엮은
'스토리'가 있습니까

능력을 인정받았는데도
승진에는 떨어지다니

종종 업무 능력과는 별개로 승진에서 미끄러지는 경우가 있다고 들었습니다. 하지만 그런 불운이 저한테 닥칠 거라고는 생각하지 않았습니다.

전후 사정을 대강 말씀드리면 이렇습니다. 저를 아껴주고 지지해주는 팀장님이 계셨는데, 몇 달 전에 회사를 그만두셨어요. 그후 다른 부서에서 새로운 팀장님이 오셨고요. 이분은 예전 팀장님과 달리 제게 데면데면한 편이지만 인사에 악영향을 줄 만큼 큰 문제는 없었다고 생각합니다. 이분의 라인에 있는 사람들은 진급이 확정되었다는 소문이 돌기는 했지만요.

회사 매출이 예년 같지 않아서 승진 대상자가 적을 거라는 소문도 있었습니다. 작년에 승진에서 누락된 이들이 몇 명 있는데,

그들 위주로 승진이 될 거란 이야기도 들었어요. 인사고과를 앞두고 그밖에도 이런저런 말이 무성하기는 했지만 저는 별로 신경 쓰지 않았습니다. 제가 대리로 승진하는 것은 기정사실화된 일이었거든요.

혼자만 착각하고 있었던 것 아니냐 하실 수도 있지만 그렇지 않습니다. 저는 벌써 작년부터 대리 업무를 인수인계 받아 진행하고 있었어요. 저희 부서의 대리 한 명은 무능하기 짝이 없고, 또 다른 대리는 연차가 높아 시시콜콜한 업무까지 처리하지는 않거든요. 그래서 사원인 제가 상부 지시로 그 일을 다 도맡았던 거고요.

직함만 사원일 뿐 이미 하고 있는 일은 대리이다 보니 아무도 제가 이번 승진에서 미끄러질 줄 몰랐다고 합니다. 결과적으로 저만 김칫국 마신 모양새가 되었으니 꼴이 이만저만 우스운 게 아니에요.

일은 일대로 시켜 놓고 승진에서는 제외시켜버린 회사가 너무 원망스럽습니다. 실적과 성과를 제대로 반영하지 않은 게 틀림없어요. 화병이 날 지경입니다. 억울하고 속상해서 미칠 것 같은데 집에서도 회사에서도 하소연할 데가 없습니다.

하지만 당장 울화가 치미는 건 둘째치더라도 이번 일로 걱정되는 게 한두 가지가 아닙니다. 한 번 승진에서 누락된 사람은 고위직으로 갈수록 승진에 불리하고 퇴사도 빨라진다던데 정말 그런지, 기존의 대리는 제게 일을 빼앗겼다고 생각하는 것 같은데 승진도 못 하고 인간관계만 어그러지는 건 아닌지, 얼마 전에 와이프가 임신했는데 회사에서 입지가 이 모양이니 가장으로서 책임은 다할 수 있을지…….

정말이지 마음 같아서는 이직이라는 초강수를 두고 싶습니다. 일만 시키고 성과는 결과에 반영해주지 않는 회사에서 저는 뭘 할 수 있을까요?

_남성, 33세, 콘텐츠 제작 회사 근무

비전과 갈등은 동전의 양면과 다르지 않습니다

자신의 직분에 맞지 않는 업무와 그에 따른 책임까지 떠맡아 일했는데 예상과 다른 결과가 나왔으니 납득하기 어려울 것 같습니다.

낮은 곳에서 떨어지는 물방울보다 높은 곳에서 떨어지는 물방울이 더 큰 에너지를 갖고 있는 법입니다. 이렇게 말하는 이유는 각자의 인생에 존재하는 '낙차'를 먼저 인정하자는 것입니다. 높은 곳에서 떨어지거나 낮은 곳에서 떨어지더라도 떨어지는 것에 연연하지 마세요.

우리 모두는 삶이 힘들다고 느낍니다. 그렇게 느끼는 이유는 비전을 세워 놓고 거기에 도달하기까지 수많은 시행착오를 겪기 때문이지요. 내 비전에 걸맞은 자격을 갖춰나가려면 그 과정에서 혹독한 갈등을 겪는 것은 당연한 일이기도 합니다. 비전과 갈등은 서로 관계없는 단어처럼 보일 수 있지만, 동전의 양면처럼 서로 붙어 있습니다.

비전과 갈등을 '스토리'라는 용광로에 넣고 하나로 녹여보세요. 그러면 그 용광로에서는 '학습'이라는 결과가 나옵니다. 그리고 이 학습으로 얻은 성과물을 일목요연하게 정리하는 과정에 자신의 역량 역시 성장합니다.

조금 다른 이야기지만, 아프리카 여행을 갔다 온 후배가 있습니다. 이 친구는 여행 초반에 2천 달러를 사기 당해 여행 경비를 몽땅 잃고 말았어요. 그런데 우연히 인도 사람의 도움을 받았고, 남은 기간을 그 사람과 동행하며 수많은 외국인을 친구로 사귀었습니다. 몇 년이 지났지만 지금까지도 그 인맥을 유지하고 있고요. 이 후배는 처음에 계획했던 여행에는 실패했지만 다른 여행자들은 가지지 못한 가치를 얻었습니다. 이 정도면 어떤 여행보다 성공했다고 할 수 있겠지요.

스펙을 얻으려면 1등을 해야 합니다. 하지만 스토리를 나누는 것은 꼴찌도 할 수 있습니다. 아니, 오히려 성공가도를 걷지 않은 사람이 더 깊은 스토리를 갖고 있을지도 모릅니다. 남들과 비교하는 대신 남들과 다른 시선으로 스스로를 바라보세요. 진정한 비전을 품으려면 틀을 깨야 합니다. 창조적인 시각이, 엉뚱한 관점이 필요하지요. 대부분의 사람들은 이미 존재하는 직업을 가지려고 자격증을 따고 외국어 공부를 하지만 이것은 전혀 창조적이지 않습니다.

연봉 1억 원의 꿈이 대단할까요? 내년에 특진하겠다는 꿈은 대단할까요? 저는 그렇게 생각하지 않습니다. 하지만 연봉은 1억 원이지만 1년에 2억 원을 기부하겠다는 꿈이라면 어떨까요? 5년 뒤 남아프리카에서 5명을 먹여 살리겠다는 꿈은 또 어떨까요? 일반적이고 보편적인 상식을 좇지 않을수록 더 큰 가치가 생깁니다.

왜 지금의 갈등으로 괴로워할까요? 비전을 실현하기 위해서지요. 하지만 갈등 자체에 골몰하는 것은 비전에 도움이 되지 않습니다. 갈등을 자신의 비전에 녹여 어떤 스토리를 만들 것인가에 집중해야 합니다. 그것이 바로 역량이고, 좌절을 견뎌내게 하는 동력입니다. 아무쪼록 지금의 갈등을 견디고 세상에 하나뿐인 나만의 스토리를 만들기 바랍니다.

03

바빠도 내 목소리로
내 삶을 살아야

어느 날, 내 안에서 우러나는
소리를 들었습니다

좀 뜬금없이 들리겠지만 저희 엄마 이야기부터 해보겠습니다.
엄마는 20대 중반에 맞선을 봐서 결혼했어요. 아빠 내조하고,
할아버지와 할머니 모시고, 저와 동생들을 키우며 평생을 보냈
어요. 제가 첫 직장에 취업했을 때 엄마는 이렇게 말했어요.
"넌 절대 나처럼 살지 마라."
엄마 이야기가 특별하지 않다는 건 저도 잘 알고 있습니다. 저
희 엄마 연배의 여성들이 다 그렇지요. 가족을 위해서만 살았고,
나이가 들고 여유가 생겨 삶을 돌아보니 후회스럽고, 다시 시작하
자니 인생이 다 가버린 것 같고……. 그래서 딸만큼은 당신처럼
살지 않기를 바랄 거예요.
엄마의 바람이 아니더라도 저는 엄마처럼 살고 싶지 않았습니

다. 아니, 그렇게 살고 있지 않았어요. 유학을 마친 뒤 귀국과 함께 시작한 직장생활, 그리고 10년을 정신없이 달려왔네요. 한 달도 쉬지 않고 말이에요.

그런데 얼마 전 교통사고를 당해서 골절 진단을 받고 병원에 2주 동안 입원했습니다. 병원 침대에 누워 하루 종일 텔레비전을 보거나 창밖을 바라보았어요. 몸은 아팠지만 그 2주가 지난 10년 동안 가장 여유로웠던 시간이 아니었나 싶네요.

몸이 아파서인지 아니면 여유가 생겨서인지 제 자신에게 집중하게 되더군요. 그러면서 지난 시간을 찬찬히 돌이켜보곤 깜짝 놀랐습니다. 엄마와 다르게 살고 있다고 생각했는데 전혀 그렇지 않았어요. 남을 위해 자기는 없었던 엄마처럼 저도 마찬가지였습니다. 회사에서는 상사의 마음에 들려고 저를 밀쳐두었고, 가정에서는 남편의 마음에 드는 데만 몰두해 저는 뒷전이었습니다. 그 모든 게 나를 위한 일이라고 믿었지만 사실은 내가 어떤 사람인지, 진짜 원하는 게 뭔지 한 번도 생각하지 않았어요.

저는 항상 바빴고 긍정적이었습니다. 수월하게 승진했고, 인정도 받았어요. 후배들 중에는 제가 자신의 롤모델이라고 말하는 이들도 있고요. 하지만 성공한 여성이라는 이미지에 심취해서 깨닫지 못했을 뿐, 저는 많이 지쳐 있었어요. 꼬리에 꼬리를 무는 프로젝트들, 촉박한 마감, 한 달에 한 번꼴로 잡히는 출장, 그리고 회사일이 바쁠수록 남편에게 미안해 집안일도 소홀하지 않으려고 무던히 노력했지요.

저는 지금과 같은 휴식이나 혼자만의 여행이 필요했는지 모릅니다. 한없이 게을러져도 괜찮은 그런 생활 말이에요. 다만 그런 여유는 내 것이 아니라는 생각에 그 바람조차 차단하고 있었던 것뿐이죠. 다음 주면 회사로 복귀해야 하는데 예전과 달라진 제 자신이 두렵습니다.

_여성, 38세, 컨설턴트

'내가 아닌 나' 조차
내 삶의 소중한 일부분입니다

직장인들의 일과는 회사나 상사의 지시로 채워지곤 합니다. 타인에게 인정받을 수 있는 일을 좇고, 그들에게 보이는 나의 모습을 포장하려고 부단히 노력합니다. 이렇게 살면서 내면의 소리에 욕망이 생기지 않는다면 그것이 더 이상할 거예요. 눈코 뜰 새 없이 바쁘게 살다 보면 내면의 소리에 목마르는 순간이 오기 마련입니다. 하지만 내면의 소리를 차단하고 의식적으로 듣지 않았다면 처음 듣는 내면의 소리는 '깜짝 놀랄' 만한 것일 수 있겠지요.

내가 남들 눈에 비치는 그런 사람이 아니라는 것을 깨닫는 순간 우리는 본연의 자신을 찾기 위해 색다른 시도를 하고 싶어합니다. 명상을 하거나 일탈을 꿈꾸는 사람들도 있고, 여행을 떠나거나 휴식을 취하고 싶다는 이들도 있습니다.

하지만 무조건 이 현실부터 벗어나고 보자는 식의 욕망은 바람직하지 않습니다. 시끄럽고 분주하고 때로는 '내가 아닌 나'가 되어야 하는 생활조차 우리 삶의 소중한 일부분이기 때문입니다. 게다가 직장과 가정에 매어 있는 사람이라면 긴 여행을 떠날 만큼 돈이나 시간이 여유롭지도 않겠지요.

그래서 우리는 주어진 상황 속에서 내면의 소리를 들을 수 있도록 노력해야 합니다. 그것을 위해 저는 세 가지 방법을 추천하겠습니다. 이 방법으로 나만의 방법을 찾아보기 바랍니다.

첫째는 시간입니다. 몸이 아플 때, 또는 지나치게 바쁜 생활로 자신의 한계에 도달했을 때 우리는 비로소 내면의 소리에 귀를 기울입니다. 그런데 이런 상황이 오기 전에 스스로 먼저 시간을 만들어보는 거예요.

예를 들어 토요일 오전은 어떨까요. 다른 사람에게 방해받지 않는 시간, 전화가 오거나 업무에 신경 쓰지 않아도 되는 시간이면 됩니다. 그렇게 일주일에 한 번, 상황이 여의치 않다면 한 달에 한 번이라도 혼자 있는 시간을 만들어보세요.

둘째는 장소입니다. 혼자 있는 시간을 확보했다면 어디에 있는지도 중요합니다. 다양한 장소를 다니면서 어디에 있을 때 내면의 소리가 잘 들리는지 실험해보세요.

저 같은 경우는 도서관이 최적의 장소입니다. 무작정 교회를 갈 때도 있고요. 저는 일요일이 아닌 평일 낮에, 아무도 없는 그곳에 있는 것을 좋아합니다. 내가 원하는 공간에 정해진 시간 동안 나를 놓아두는 거예요. 어떤 시간, 어떤 공간에 내가 존재하느냐는 내면의 소리를 듣는 데 큰 영향을 미칩니다.

셋째는 잡념을 없애는 것입니다. 시간과 공간을 확보했더라도 쓸데없는 생각이 머릿속을 어지럽히고 있다면 헛일이겠지요. 처음부터 잡념에서 자유로울 수는 없을 겁니다. 회사에서 미처 처리하지 못한 일이 떠오를 수도 있고, 집에 가서 해야 할 일이 기억나서 불안해질 수도 있어요. 하지만 자신에게 몰입하는 순간을 앞당기려면 잡념이 떠오르는 것까지는 어쩔 수 없더라도 그 잡념을 최대한 빨리 끝내야겠지요.

억지로 잡념을 몰아내는 것이 쉽지 않다면 내면의 소리를 가로막는 방해 요인이 무엇인지 알아보세요. 내게 소중한 것, 덜 소중한 것, 소중하지 않은 것을 종이에 적은 뒤 고민해보면 자신의 내면에 점점 다가갈 수 있을 거예요.

어떤 사람은 내면의 소리를 듣기 위해 자신에게 편지를 쓰고, 어떤 사람은 백지에 그림을 그립니다. 어떤 방법이라도 상관없습니다. 시간을 정하고, 공간을 마련하고, 책과 노트 등의 도구를 활용해 단 5분이라도 스스로와 온전히 대화하는 시간을 가지세요. 그렇지 않으면 남의 인생을 살 수도 있으니까요.

한 가지 주의할 점은, 자신과 대화할 때 과거의 목소리에 얽매이지 말라는 것입니다. 과거의 자신과 이야기하는 것은 후회와 아쉬움을 불러올 수 있고 결과적으로 우울함의 원인이 될 가능성이 높습니다. 과거가 아닌 미래의 나와 대화하기 바랍니다. 끊임없이 계획하고, 그 계획을 이루었을 때 스스로의 모습을 상상하는 것이 바로 미래의 자신과 대화하는 방법입니다. 1년 후의 나, 10년 후의 나와 이야기하는 것은 많은 시간과 노력을 필요로 하지만, 지속적인 훈련으로 미래의 나와 친밀해질 수 있습니다.

지금 왜 이 글을 읽고 있는지 가만히 생각해보세요. 제 이야기를 듣고, 저와 같은 인생을 살려고 하는 게 아니라, 자신의 목소리를 듣고 자신의 인생을 살려고 하는 거지요? 그렇다면 바쁜 하루, 수많은 잡음들 속에서 자신의 목소리를 발견하는 일을 주저하지 마세요. 할 수 있습니다.

04

포기하고, 집중하고,
핵심가치를 지켜라

일과 삶, 어떤 쪽에
더 비중을 두어야 할까요?

입사 첫 해에는 적응하느라 정신이 없었고, 2년차 때는 두각을
드러내고 싶어서 동분서주했습니다. 그렇게 3년차가 되었네요.
이제는 일도 일이지만 가정이나 제 자신에게도 조금은 충실해져
야 할 때가 아닌지 생각하던 차에 얼마 전에 만난 두 친구가 제게
생각할 여지를 주었습니다.

한 사람은 같은 직장에 근무하다 외국계 회사로 이직한 동료
입니다. 그곳은 상대적으로 업무가 훨씬 느슨하다면서 대학 때
취미로 쳤던 기타를 다시 배운다고 하더군요. 직장인 밴드에서
기타리스트로 활동하고 있다는 이야기도 하고요.

또 다른 친구는 대형 로펌에서 일하고 있는데, 돈은 많이 벌지
만 새벽 1, 2시까지 퇴근하지 못하는 일이 다반사라고 합니다.

이 친구는 몇 주 전쯤 누군가의 소개로 한 여성을 만났다는 이야기를 해주었습니다. 서로 호감을 느꼈지만 친구는 저녁식사만 하고 곧바로 회사로 달려가야 했다고 합니다. 그 후에도 몇 번이나 연락하려 했지만 일이 끝나면 새벽이니 도무지 연락할 수가 없다고요.

두 친구의 이야기를 들은 후 제 생활을 생각해보았습니다. 저는 첫 번째 친구처럼 제 생활을 즐기며 여유롭게 살지는 못하지만 두 번째 친구만큼 빡빡하게 살고 있지도 않습니다. 물론 그 친구처럼 연봉이 높지도 않아요. 누구의 삶이 더 낫다고 말하기는 힘들지만, 두 사람의 이야기를 듣고 새삼스레 '어떻게 사는 것이 잘사는 것인가?' 하고 비교해봤습니다.

저 역시 일과 사생활을 병행하지 못하고 있습니다. 아니, 아예 구분할 수 없다고 해야 할까요? 직장에 다니기 전까지 저는 책 읽는 것도 좋아하고 사진 찍는 것도 즐겼습니다. 문학 동호회와 사진 동호회 활동도 꽤 열심히 했고요.

하지만 요즘은 사회인으로 살아가면서 저 자신을 지키는 게 얼마나 어려운지 매일매일 깨닫고 있습니다. 업무에 꼭 필요한 책 말고 제가 읽고 싶은 책을 읽은 게 언제였는지도 모르겠고, 애지중지했던 카메라들도 이제는 장식품으로 전락했네요.

퇴근해도 삶이 일의 연장인 것만 같고, 휴일에도 못 다 한 일을 걱정하거나 다음 주에 할 일을 생각합니다. 회사생활을 한다고 누구나 이렇지는 않을 것 같은데, 지금 직장이 업무의 강도가 높은 편이라 더 그런 것 같습니다. 이건 아니다 싶다가도 다들 이렇게 사는 게 아닌지 위안하고.

결국 일과 삶 사이에서 균형을 잡는다는 건 지나치게 이상적인 말이 아닌지 싶습니다. 한 가지를 선택하지 않으면 더 혼란스러워질 것 같고요. 일과 삶 중 어떤 쪽에 더 비중을 두어야 행복해질 수 있을까요?

_남성, 33세, 회계사

일과 삶을 아우를 수 있는
통찰력이 절실합니다

일과 삶 중 어떤 것이 더 중요할까요? 또 어떻게 사는 것이 '잘' 사는 것일까요? 참 어려운 질문입니다. 우리는 삶을 선택하기에는 일도 중요하다는 현실을 잘 알고 있습니다. 그러나 삶을 지키지 못하면 일도 소용없다는 사실 또한 잘 알고 있지요.

질문에서 삶을 취미생활과 연관 지었지만 우리가 삶이라고 규정한 테두리 안에는 가족, 자기계발, 자아실현 등 여러 가지가 포함될 수 있습니다. 그중에서 가족을 예로 들자면, 가족과 소통이 안 될 때 우리는 일에 집중할 수 없고 일이 잘 풀리지 않을 때는 가족과 소통하는 것도 어려움을 겪습니다. 결국 둘은 따로 떼어 생각할 수 없는, 불가분의 관계지요.

그러므로 일과 삶 중 어떤 것을 선택할 것인가 하는 질문은 일과 삶으로 양자택일해서 대답할 수 없습니다. 두 가지를 모두 담아낼 수 있는 통찰력만이 해답입니다.

지나친 이상이 아니냐고 반문했지만, 제가 생각하는 최선의 상황은 역시 일과 삶의 조화입니다. 일은 삶을 위해 존재하고, 삶은 일을 위해 존재합니다. 선택하는 대신 감당하면 됩니다. 둘을 아우르는 것은 어려운 일이지만, 동시에 우리가 해야 할 숙제이기도 합니다.

손바닥 위에 종이를 세우려면 어떻게 해야 할까요? 종이가 쓰러지려는 방향으로 손바닥을 쉬지 않고 움직여야겠지요. 바로 이겁니다. 한 군데 고정되어 있는 손바닥은 고정관념입니다. 우리를 옭아매는 고정관념 중 하나가 '일과 삶의 균형을 맞추기는 어렵다', '일과 삶은 원래 조화가 안 되니 그냥 살던 대로 사는 수밖에 없다' 그런 생각들이지요. 하지만 이 고정관념에서 벗어나면 종이를 세우는 것처럼 불가능해 보였던 일이 가능해집니다.

그럼 일과 삶을 조화시키는 방법 세 가지를 말씀드리겠습니다. 우선은 뭔가를 포기해야 합니다. 일이나 삶을 포기하라는 뜻이 아닙니다. 자신이 하고 싶은 어떤 것을 포기해야 합니다. 이것을 포기하지 않으면 일과 삶에서 성과를 낼 시간이 없습니다. 그러면 균형이 깨지지요.

균형이란, 일에 집중하고 삶에 투자해야 할 시간을 그 밖의 것들이 방해하려 할 때, 그 방해로부터 내 시간을 지키는 일입니다. 모처럼 여유가 생겨 가족들과 시간을 보내려 하는데, 혹은 독서나 사진이라도 자신의 취미생활을 즐기려고 하는데 갑자기 술자리에 나오라는 친구의 전화를 받습니다. 이때 많은 사람들이 유혹을 뿌리치지 못해 그 자리에 나가곤 하지요.

하지만 이것은 우리가 앞서 규정한 '일과 삶의 범주'에 있는 것이 아닌 '그 밖의 것', 자신의 욕구일 뿐입니다. 뭔가를 포기하고 스스로를 설득하는 것이 바로 일과 삶의 균형을 맞추는 첫 번째입니다.

두 번째는 집중입니다. 어느 날 제가 전철을 타고 가는데, 맞은편에 한 가족이 나란히 앉아 있었습니다. 아이가 아빠에게 학교생활을 이야기하는데, 아빠는 내내 스마트폰만 들여다보고 있었어요. 아이가 참지 못하고 아빠에게 화를 내자 아빠는 이렇게 대답했습니다.

"듣고 있잖아. 말해."

그 아이는 자신의 말에 집중해주지 않는 아빠와의 대화에서 어떤 가치도 찾지 못하겠지요. 참 안타까운 장면이었습니다.

예를 한 가지 더 들어볼까요. 한번 따라 해보세요. 두 눈에 힘을 빼고 앞을 바라보세요. 앞에 있는 물체가 3, 4개로 보이죠? 이번에는 눈에 힘을 줘보세요. 평소처럼 물체가 하나로 보일 겁니다. 그럼 한쪽 눈을 가린 채 똑같이 힘을 빼면 어떻게 될까요? 여전히 눈앞의 물체가 하나로 보이지요? 한쪽 눈을 가리면 자기도 모르게 집중해서 보기 때문입니다.

집중은 두 눈으로 보는 게 아닙니다. 두 눈으로 보면 긴장하지만 한 눈으로 보면 집중합니다. 일과 삶, 2개의 눈을 동시에 뜨고서는 집중할 수 없습니다. 일할 때는 일의 눈으로 보고, 삶에 투자할 때는 삶의 눈으로 보세요. 공과 사를 혼동하면 안 됩니다. 균형은 집중에서 나옵니다.

한쪽을 가리세요.

햇빛을 돋보기에 통과시켜 종이를 태우는 놀이의 핵심은 '움직이지 않고 한 곳에 집중하는 것'입니다. 하지만 이때 일정시간을 유지하는 것도 중요합니다. 종이가 타지 않는다는 이들은 종이가 뜨거워질 때까지 인내하지 못하고 돋보기를 떼어버렸기 때문입니다. 아무 일도 벌어지지 않는 게 당연하지요. 집중했다면 그 상태에서 종이가 탈 때까지 시간을 투자해야 합니다.

마지막으로 핵심가치를 들 수 있습니다. 일이나 삶에서 자신이 어떤 상황에 처해도 반드시 지키려는 것이 바로 핵심가치입니다. 자신의 핵심가치가 정직이라면 일과 삶에 있어서도 정직해야 합니다. 어떤 분은 공평이라는 단어에 굉장히 심오한 의미를 부여하기도 합니다. 그게 그분의 핵심가치인 셈이지요.

핵심가치를 확고하게 다지는 일은 그것만큼은 타협하지 않는다는 의미이기 때문에 어쩌면 조금 불편한 일이 될 수도 있습니다. 그러나 이것이 일과 삶의 균형을 맞추고 올바른 방향을 만들어가는 열쇠입니다.

종이 한 장을 손바닥 위에 세우는 일, 저 역시 자신 없습니다. 그래서 더 포기하고, 더 집중하고, 핵심가치를 지키려고 노력합니다. 우리의 일상은 일과 삶 사이에서 아슬아슬한 줄타기를 하는 것이고, 그 줄에서 떨어지지 않으려면 균형을 잡아야 하기 때문입니다.

05

첫 고객을 단골로 만드는
'60퍼센트 법칙'

Question

기존 고객이 떠났을 때
어떻게 해야 좋을지 모르겠어요

고객을 어떻게 관리해야 하는지 알려주세요.

저는 외국계 보험 회사에서 영업 일을 하고 있습니다. 그전에 다니던 회사에서는 전혀 다른 일을 했어요. 그런데 영업이 처음이라 그런지 세일즈맨의 기본이라는 고객관리부터 애를 먹고 있습니다.

선배들 말로는 지인 영업이 가장 하수라는데, 처음 하는 일이다 보니 노하우도 모르고 급한 마음에 어쩔 수 없이 가족, 친척, 친구들을 동원해 겨우 실적을 채워왔네요. 그나마도 연줄을 동원하는 건 이제 다 끝났고요.

얼마 전까지는 새로운 고객을 만들어야 한다는 부담감에 짓눌렸지만, 그 부담감 때문에 기존 고객에게 소홀해진 게 지금은 더 큰 문제입니다. 가장 한 사람을 고객으로 만들었으면 그와 같이 살고 있는 가족 모두를 고객으로 만들 수 있다는데, 저는 고객층이 넓어지기는커녕 어렵게 끌어들인 고객들마저 이탈하는 상황입니다.

나름대로 세일즈 관련 어플리케이션도 쓰고, 기존 고객들에게 연락도 자주 하면서 애를 써보고 있습니다. 하지만 뭔가 획기적으로 상황을 돌파할 방법이 떠오르질 않네요. 희망은 전략이 아니라느니, 열심히 하지 말고 스마트하게 하라느니, 영업과 관련된 조언은 넘쳐나는데 제가 실제로 응용할 수 있는 건 많지 않은 것 같습니다. 다 어렵게 느껴지기만 하고요.

어디서부터 손을 대야 할까요?

와이프도 얼마 전부터 화장품 방문판매 일을 하는데, 고객관리가 이만저만 까다로운 게 아니라고 합니다. 영업직에 종사하는 저희 부부에게 조언을 해주실 수 있을까요? 고객에게 연락할 때 어떻게 대화하면 효과적인지, 기존 고객에게 2차 수익을 끌어내려면 어떻게 해야 하는지 구체적이고 실질적인 조언을 주시면 고맙겠습니다.

_남성, 35세, 영업직

고객을 비즈니스 파트너로
생각하지 마세요

영업의 세계가 참 치열하지요? 상품을 팔기 전에 고객의 마음을 얻는 일이다 보니 누군가에게 조언을 들어도 적용하기가 쉽지 않을 거예요. 처음에는 인맥을 동원해 어찌어찌 해나갔더라도 고객이 10명, 20명 늘어나다 보면 꾸준히 관리하기도 어렵고요.

'60퍼센트 법칙'을 아시나요? 60은 자신이 할 수 있는 일이고 40은 자신이 할 수 없는 일일 때, 대부분 40 때문에 60을 하지 못합니다. 계약서에 서명하고 말고는 고객의 몫이지 우리의 몫이 아닙니다.

좀 더 쉽게 설명하자면 '이 상품을 계약하시겠습니까?'라는 질문 후에 당장 고객의 결정을 받아내려고 하지 마세요. 그것이 바로 100을 하려는 태도입니다. 대신 고객이 빠른 시일 안에 추가 미팅을 갖고 싶게만드는 것, 그래서 더 많은 정보를 제공받고자 하는 동기를 자극하는 것, 그게 바로 자신의 60입니다. 첫 미팅에서는 이 점을 각별하게 신경써야 합니다. 그래야 두 번째 미팅이, 세 번째 미팅이 수월해지고 궁극적으로 고객을 비롯한 비즈니스 파트너와 장기적인 관계를 유지할 수있습니다.

규모가 있는 고객이라면 "저희 대표님과 말씀을 나눠보시는 게 어떻겠습니까?" 또는 "저희 스폰서와 한번 만나보시겠습니까?"라고 묻는 것도 좋은 방법입니다. '당신이 우리에게 관심이 있다는 건 알고 있지만 내 정보가 조금 부족하다'라는 말을 완곡하게 표현하는 것입니다. 그렇게 되면 다음 미팅을 보다 수월하게 잡을 수 있겠지요. "다음에 제가 조금 더 구체적인 자료를 제공해드리려고 하는데, 다시 찾아뵈어도 될까요?"라고 정중하게 제안했을 때 상대방이 긍정적으로 받아들인다면 곧바로 윗사람과 약속을 잡으세요. 고객의 신뢰도가 상승할 수 있습니다.

정보 지향적이 아니라 관계 지향적인 고객이라면 당연히 그 관계를 잘 이용해야 합니다. 사업 자체보다 '누가' 그 사업을 하는가에 더 관심이 많은 이들도 있습니다. 이런 사람들은 마음을 열기만 하면 충성도 높은 고객이 될 가능성이 큽니다. 함께 알고 있는 사람과 같이 약속을 잡거나, 그 사람과의 관계에 집중하는 것은 관계 지향적인 고객의 마음을 열기에 좋은 방법입니다.

디테일을 놓치지 않는 것도 고객에게 신뢰를 얻는 데 꼭 필요한 부분입니다. 전화번호를 입력할 때 상대의 간략한 정보를 함께 저장해보세요. '○○에 살고 있다', '둘째 아들이 이번에 중학교에 입학했다' 같은 내용 말이에요. 상대에게 전화가 왔을 때 "아직 일산에 사세요?"라거나, "둘째 아드님은 중학교에 적응 잘 하나요?"라고 말을 꺼내면 상대는 자신에게 관심을 갖고 있다고 생각할 거예요. 당연히 고마움을 느끼고 신뢰감도 높아지겠지요. 이런 부분을 노출하는 겁니다. 두 번째, 세 번째 만났을 때는 더 친근하게 다가갈 수 있습니다.

미팅을 마치고 나면 24시간이 넘어가기 전에 메시지를 보내세요. 고객에게 남긴 인상을 오랫동안 지속시키려면 반드시 해야 할 일이지요. 오늘 미팅에 대한 스캐닝을 장문의 메시지로 남기세요. 여기에서는 '장문'이 중요합니다. 장문의 메시지는 의례적이지 않고, 관심의 양이라고 볼 수도 있습니다. 때로는 질만큼 양이 중요합니다.

마지막으로 지금까지 말씀드린 것을 자신의 직무에 맞게 매뉴얼화해 보세요. 고객이 계약서에 서명하지 않더라도 주변의 인맥을 소개시켜 줄 가능성이 훨씬 높아질 거예요. 고객을 단순한 비즈니스 파트너로 보지 마세요. 한 사람의 인간관계는 거미줄처럼 촘촘히 얽혀 있고, 그 관계망으로 새로운 고객을 창출할 수 있습니다. 질문하신 분도, 아내 분께도 유능한 영업인이 될 수 있습니다.

06

오늘의 성공보다 내일도
거듭되는 성장을

Question

내일은 오늘보다 더 잘하고 싶은데
어떻게 해야 할까요?

진로 고민은 학생 때나 하는 것인 줄 알았습니다. 커서 무엇을
하고 싶은지 생각하고, 전공을 결정하고, 어떤 사람이 되겠다고
다짐하고……. 그런데 30대가 되어도 이런 고민은 끝이 없네요.
앞으로 무엇을 할지, 어떤 사람이 될지, 이런 물음이 자꾸 생겨
요. 나쁜 건 아니라고 봅니다. 제가 더 크게 성장하고 싶은 사람
이라서 그럴 테니까요.

제가 성장하려고 어떤 노력을 했는지 말씀드리고 싶어요. 저
는 대학을 졸업하고 곧바로 직장생활을 시작했습니다. 하지만
스스로의 부족함을 많이 느꼈기 때문에 회사를 그만둔 뒤 대학
원에 진학했어요. 학위를 딴 뒤에도 스펙이 생겼다는 것에 만족
하지 않고, 제게 도움이 될 만한 책을 읽고 스터디 모임에도 나가

면서 꾸준히 공부했어요.

그럼에도 불구하고 제가 얼마나 성장했는지는 자신이 없어요. 가늠도 되지 않고요. 오히려 돈을 벌지 않고 대학원을 다녔던 시기에 학비로 빚을 많이 졌습니다. 요즘 워낙 석사나 박사들이 많다 보니 제가 딴 학위가 누구에게 환영받을 만한 것도 아니고요. 더 나은 사람이 되기 위해 애써왔다고 생각했는데, 지금 생각해 보면 제 욕구를 채우려고 시간을 낭비하고 가족들을 힘들게 한 건 아닌지 자책감도 듭니다.

교수님의 말씀을 듣다 보면 제 관점으로 바라보지 못하고 남의 관점으로 바라보는 일이 얼마나 부질없는가 하는 생각이 드는데요. 결국 성장이란 것도 제 안에 기준이 있어야 가능한 것이 아닌지 싶습니다. 어쩌면 제가 공부를 하고 학위를 따고 스터디를 하는 것도 사실은 남들이 하니까 나도 해야 할 것 같은 압박감 때문에 했는지도 모르겠어요.

그동안 쌓은 스펙을 갖고 새로운 직장을 찾고 있지만 여전히 머리가 복잡합니다. 더 나아지지 않을까, 여기서 멈춰버릴까 두렵기도 하고요. 정체되지 않고 계속 성장한다는 것은 어떤 의미일까요? 그러려면 무엇을 해야 할까요?

_여성, 34세, 취업 준비 중

아버지와 다른 나,
하지만 아버지처럼 이루고 싶다

저희 아버지는 흔히 말하는 자수성가형 사업가입니다. 시골의 가난한 집 아들로 태어나 중학교만 겨우 졸업했지만, 20살도 되기 전에 서울에 올라와서 청년 시절에 이미 건설업으로 성공하셨어요.

지금은 시대가 바뀌어 자수성가하기도 힘들뿐더러 맨주먹으로 성공하는 것은 다 옛날이야기라 하지만, 저희 아버지는 당신이 살아온 인생에 자부심이 강한 때문인지 그렇게 생각하지 않습니다. 제가 아버지보다 훨씬 좋은 조건에 있기 때문에 더 크게 성공할 수 있다고 믿으세요.

사실 아버지의 그런 기대와 믿음이 부담스럽기도 하면서, 한편으로는 제게도 성공하고 싶은 야망이 있는 것 같습니다. 지금은 평범한 샐러리맨에 불과하지만 40대가 되기 전에 사업을 시작해서 제 삶을 반전시켜야겠다는 꿈을 갖고 있거든요.

흔히 잘 쉬는 사람이 성공한다거나, 창의적이고 개방적인 사고를 가진 사람이 성공한다는 식의 말은 많지만, 훗날을 위해 제가 어떤 것들을 준비해야 할지 잘 모르겠습니다. 혹시 성공이란 무엇인지 실질적으로 조언해주실 게 있을까요?

_남성, 33세, 전자 회사 근무

리스크를 끌어안고,
본질을 향하고, 약점을 극복해야

성장하고 싶다는 분과 성공하고 싶다는 분의 질문을 함께 놓아보았습니다. 요즘 우리 사회에서 성장과 성공을 혼동하거나 두 가지를 동일시하는 경우가 종종 있기 때문에 이를 함께 생각하고자 합니다.

성장과 성공이 전혀 다른 개념이라고 전제했을 때, 우리 사회는 성장보다 성공에 더 큰 비중을 두고 있는 듯합니다. 책을 보거나 사람을 만나더라도 결과에 따른 성공을 말하지요. 혹은 성장이라고 써 놓고 성공이라고 해석할 때도 있고요.

그런데 성공은 과정에 초점을 맞추지 않으면 '일시적인 상태'에 불과합니다. 그냥 성공한 상태일 뿐이에요. 그래서는 또 하나의 성공 스토리를 쓸 수도 없고, 성공에 가치를 불어넣을 수도 없습니다.

반면에 성장은 성공으로 가는 데 필요한, '작은 성공'이 연속되는 과정입니다. 이것으로 통찰력을 얻고 또 하나의 커뮤니케이션을 만들어낸다면 '성숙'해질 수 있겠죠. 물론 과정도, 동기도, 물려줄 만한 노하우도 없이 성공하는 사람들도 있습니다. 하지만 우리는 성장이 동반되지 않는 성공을 원하지 않는다는 것이 중요합니다.

그럼 실천할 수 있는 성장 지침을 세 가지로 말씀드리겠습니다.

첫째는 리스크를 감당하는 것입니다. 한 설문조사에서 직장인들에게 언제 자신이 성장했다고 느끼는지 물었습니다. 4위는 '뭔가를 배우는데 이미 내가 알고 있는 내용일 때'입니다. 3위는 '내가 누군가를 가르쳤을 때'입니다. 2위는 '실력 있는 팀의 일원으로 중요한 프로젝트를 완수했을 때'이고, 1위는 '어떤 문제를 해결한 뒤 성취감을 느낄 때'입니다.

이 조사 결과가 말해주듯 성장은 학습, 코칭, 팀워크, 문제 해결의 과정으로 이루어집니다. 눈여겨봐야 할 것은 높은 순위로 갈수록 리스크가 높다는 점입니다. 자, 4위와 3위를 보세요. 딱히 큰 리스크가 없지요. 하지만 2위인 팀워크의 경우, 성공적인 프로젝트 결과물을 만드는 데 자신이 보탬이 되지 못한다면 팀원들에게 무시를 당하거나 비웃음을 살 수 있습니다. 1위 또한 문제를 해결하지 못하면 체면이 손상당하거나 난감한 상황에 처할 가능성이 높겠지요. 당연히 그에 따른 책임도 져야 할 테고요.

결국 성장의 핵심은 리스크가 있더라도 그것을 감수하고 감당하는 데 있습니다. 실패를 원하는 사람은 없습니다. 하지만 내가 얻고자 하는 결과물에 따라오는 실패의 과정을 감당하는 것은 매우 중요합니다.

가장 중요한 응급처치 요법 중 하나가 심폐소생술인데요, 가슴을 압박하는 과정에서 자칫하면 응급한 환자의 갈비뼈가 부러질 수 있습니다. 가슴을 압박할 때 갈비뼈를 5센티미터 내지 6센티미터 정도까지 눌러야 하기 때문입니다. 하지만 갈비뼈보다 목숨을 살리는 게 우선입니다. 갈비뼈는 시간이 지나면 재생할 수 있지만, 심장이 멈춰버리면 소생 가능성이 없기 때문입니다. 이처럼 갈비뼈는 평소에 심장과 폐를 보호하는 역할을 하지만 생사의 기로에 섰을 때 소생에 장애물이 될 수 있습니다.

이제 갈비뼈를 우리 삶의 리스크라고 생각해봅시다. 리스크를 두려워하는 것은 새롭지만 위험할지도 모를 시도로부터 우리를 보호합니다. 도전하지 않게 만드니까요. 하지만 위험을 무릅쓰고라도 새로운 시도를 하지 않으면 우리는 성장하지 못합니다. 결국 우리를 보호하던 것이 성장을 방해하는 장애물이 되는 거지요.

연애를 예로 들면, 짝사랑하던 사람에게 고백하는 것은 큰 리스크를 감수하는 일입니다. 상대가 일언지하에 거절했을 때 불편한 사이가 되거나 그나마 유지해온 관계조차 깨질 우려가 크니까요. 하지만 고백하지 않으면 상대는 다른 사람의 연인이 되거나 나와 영영 인연이 없겠지요. 일에서 뭔가를 얻고자 할 때도 마찬가지입니다. 당신의 삶에서 갈비뼈는 무엇인가요? 성장에 방해가 되는 것을 과감히 치워버리세요. 리스크를 감당하고 실패를 겪어보세요. 그래야 우리는 더 나은 사람이 될 수 있습니다.

둘째는 본질에 집중하는 것입니다. 본질은 배꼽과 같습니다. 우리가 태어나서 성장하고 나이가 들어도 변하지 않는 것이 배꼽입니다. 형태가 달라지지도 않고, 위치가 바뀌지도 않으며, 사라지지도 않지요. 저는 배꼽이 우리의 처음을 잊지 말라는 의미라고 생각합니다.

배꼽이라는 상징을 커리어와 연관지어보면, 내가 애초에 그 일을 왜 시작했는지 기억하는 것이 중요합니다. 뭔가를 결정할 때 이 '처음'을 기준으로 삼는 겁니다. 영어공부를 시작한 이유가 토익 점수 때문이라면 중간에 포기할 이유가 없습니다. 점수가 오를 때까지 꾸준히 하면 되니까요. 하지만 원어민 수준으로 회화를 하는 것이 공부를 시작한 이유인데도 불구하고 중간에 토익이나 토플로 방향을 바꿨다면 유창한 회화 실력은 물 건너가는 것이지요. 성장을 지탱하는 힘을 잃지 않으려면 처음의 목표, 나의 배꼽을 되새겨야 합니다.

마지막으로 자신의 약점을 어떻게 해결하느냐 하는 문제를 말씀드리고 싶습니다. 약점을 극복하려면 기존의 습관과 생각을 포기하는 것부터 시작해야 합니다. 젊은 분들 가운데 연인과 이별한 뒤 눈에 띄게 성장한 경우를 종종 봅니다. 그들이 성장할 수 있었던 것은 약점으로 다가온 결정적인 순간을 이겨냈기 때문입니다. 혼자 할 수 있는 일을 찾고, 새로운 공간을 발견하고, 나를 무너뜨리는 상실감과 대책 없는 슬픔을 극복하면서 성장에 어울리는 소중한 해결책을 만든 셈이지요.

큰 틀에서의 성장이 리스크를 받아들이고 작은 성공을 이어가는 것이라면, 일상 속에서는 본질을 되새기고 약점을 해결하기 위해 노력해야 합니다. 첫 번째 질문에서는 '더 나아지지 않을까, 여기서 멈춰버릴까 두렵다'고 했는데, 아무것도 두려워할 필요가 없습니다. 오히려 두려움을 반겨주세요. 그 두려움을 담대하게 껴안을 때 진짜 성장이 시작됩니다.

07

인정받고 싶다면
먼저 그의 요구에 집중하라

능력을 인정받고 싶은데
그게 잘 안 되네요

　많은 분들이 그렇겠지만 저도 야심차게 직장생활을 시작했습니다. 원하던 직장에 취업했다는 것만으로 자신감이 솟아날 때였어요. 이제 처음의 자신감은 사라진 지 오래고 하루하루가 살얼음판을 걷는 기분입니다. 제 딴에는 열심히 한다고 하는데 상사에게 깨지고, 좋지 않은 평가를 받고, 인사고과에서 불리한 조건에 처합니다. 자신감이 없어지니 적극적으로 일하지 못하고, 적극적으로 일하지 못하니 좋은 결과를 내지 못하는 악순환이에요.

　저를 평가하는 기준이 제 안에 있다면 이렇게 괴롭지 않을 것 같습니다. 인정받고 싶고 칭찬받고 싶은 마음은 간절한데, 한 번 지적을 받는 것만으로 한없이 움츠러들어요. 사소한 비판도 비난처럼 여겨져 주눅 들고, 심하게 야단맞을 때는 야단맞는다는 사실만으로 아무것도 분별할 수 없게 돼요. 제가 왜 혼나는지, 어떤 일을 잘못 처리했는지 생각 자체를 할 수 없는 거죠. 그런 상태에 빠지는 일이 잦을수록 일을 더 그르치고요.

도대체 제가 왜 이렇게 다른 사람의 인정과 칭찬에 목말라 하는지 알고 싶어서 심리 책도 몇 권 읽어보았습니다. 그러면서 깨달은 것은, 성인이 된 지금도 제 내면 어딘가에 야단맞고 질책 당할까 겁먹은 어린아이가 있다는 사실이에요. 사실 저는 어릴 때부터 인정과 칭찬보다는 야단과 질책이 더 많은 가정에서 자랐습니다. 방식이 좋지 않았을 뿐 그 또한 제가 잘되기를 바라는 부모님의 마음이었다고 생각해요. 문제는 그런 일들이 직장생활을 하는 지금까지도 제게 영향을 미치고 있다는 거죠.

어떻게 하면 회사에서 인정받을 수 있을까요? 이렇게 인정과 칭찬을 중요하게 여기는 건 단순히 제 자존감이 약해서일까요?

_여성, 29세, 연구원

인정받으려 애쓰기보다
실망시키지 않는 것부터

문제의 원인이 자신에게 있을지 모른다는 생각으로 스스로를 탐구하고 있으니, 문제를 해결하기 위해 의미 있는 첫 발을 뗀 셈입니다. 우리는 누구나 인정받고 칭찬받고자 하는 욕구가 있습니다. 다만 이 욕구에 집착한 나머지 인정받는 것 자체가 목적이 되는 경우는 주의해야 합니다. 원하는 만큼 인정받지 못했을 때 그 일에 가치를 느끼지 못할 수도 있으니까요.

본론으로 들어가기 전에 받아들여야 할 사실이 하나 있습니다. 그것은 바로 모두에게 인정받는 것은 불가능하다는 것입니다. 아무리 훌륭한 대통령도 국민 모두를 만족시킬 수는 없습니다. 이 사실만 염두에 둔다면 인정받는 일에 대한 해답은 의외로 간단합니다. 실망시키지 않는 것입니다. 부모님께 효도하는 것은 어렵지만 실망시키지 않는 것은 어렵지 않습니다. 여기에서부터 시작합시다.

인정을 거꾸로 놓으면 실망이 됩니다. 실망은 약속을 어길 때 발생합니다. 나를 신뢰하는 친구와 약속을 했는데 그것을 지키지 않으면 친구가 실망하겠지요. 팀원들과 함께 일을 하는데 원칙을 어기면 역시 실망할 겁니다. 이처럼 지켜야 할 것을 지키지 않을 때 주변 사람들은 에너지를 잃습니다. 실망이 갖는 나쁜 영향력이지요.

하지만 이렇게 말하면 어떤 이들은 '실망시키지 않는 것만으로 감동을 줄 수 있느냐'고 묻습니다. 하지만 타인에게 감동을 주는 것보다 마음 아프지 않게 하는 것이 최선입니다. 실망시킨 뒤 한번에 만회하려는 이들이 있습니다. 하지만 상대는 그런 것을 원하지 않아요.

우리는 자신의 장점을 다른 사람들이 칭찬해주기 바랍니다. 인정받는 기준이 장점에 달려 있다고 생각하는 거지요. 하지만 나의 장점이 상대의 가치관에 맞지 않는다면 어떨까요? 아무리 내가 이 일을 잘한다고 강조해봐야 칭찬받을 수 없을 겁니다.

그러므로 인정받고 싶다면 나의 '욕구'가 아닌 상대의 '요구'에 천착해야 합니다. 욕구는 내가 하고 싶은 것, 내가 잘하는 것을 하고자 하는 마음입니다. 반면에 요구는 상대가 하고 싶은 것, 상대가 내게 원하는 것입니다. 누군가에게 비판받을 때 '내가 이것도 하고 저것도 했는데 그건 몰라주고, 내가 못하는 것으로 나를 비판합니까?'라는 생각이 든다면 상대의 요구가 아니라 내 욕구에 몰두하고 있지 않은지 돌이켜보세요.

좀 더 일상적인 문제로 예를 들어보겠습니다.

"내가 설거지도 하고 청소도 하고 빨래도 했는데, 양말 거꾸로 벗었다고 혼내는 거야?"

부부 사이에서 빈번하게 발생하는 이런 불만도 욕구에 몰두했기 때문입니다. 자신이 잘한 일은 스스로 인정하고 끝내야 합니다. 상대의 요구를 알아채지 못하면 내가 잘한 일은 상대에게 무의미할 뿐입니다. 위와 같은 불만을 가진 남편들은 시키지도 않은 설거지, 청소, 빨래로 인정받으려고 하지 말고 양말을 똑바로 벗는 일에 집중하세요.

다음으로 자신의 역할을 알아야 합니다. 앞서 몇 번 언급했지만, 이것은 인정받는 데도 꼭 필요한 사항입니다. 열심히 일하는 것과 정확하게 일하는 것은 다릅니다. 또 역할과 능력도 다르지요. 나의 포지션에서 내가 해야 할 최선을 인지하는 것, 내 능력에 맞게 하는 게 아니라 내 역할에 맞게 하는 것. 이것이 중요합니다.

이 프로젝트 안에서 내가 해야 할 일이 무엇인지 상사에게 물어보세요. 의외로 사람들은 이런 질문을 잘 하지 않습니다. 하지만 내게 일을 주는 사람에게 내가 할 일을 묻고, 전체 그림 속에서 자신의 역할을 파악해야 합니다. 그래야 내가 어떤 결과물을 내야 할지 명확히 알게 되고, 과정과 결과 사이에서 팽팽한 균형을 유지할 수 있습니다.

마지막으로 코끼리를 보여주려고 하지 마세요. 깜짝 놀랄 만한 결과물로 인정받으려는 욕심을 버려야 합니다.

"조금만 기다리세요. 제가 한 건 해드릴게요."

이런 말씀을 하시는 이들이 꽤 많지요?

제 주변에도 사업이나 이직으로 바빠서 모임에 나오지 못한다는 분들이 있습니다. 나중에 나타나서 짠, 하고 코끼리를 보여주고 싶어하는 거지요. 그런데 몇 달 동안 코빼기도 보이지 않다가 좋은 직장으로 이직했다거나 사업에 성공했다고 말하면 사람들이 칭찬해줄까요? 아닙니다. 칭찬과 인정은 힘들고 아픈 과정을 공유하고 소통한 뒤 좋은 결과물을 보여주었을 때 생깁니다.

코끼리를 보여주는 일에 코끼리를 데려오기까지의 스토리와 과정이 생략되어 있다면 그 코끼리는 사람들에게 아무 감흥도 불러일으키지 않습니다. 물론 과정으로 인정받는 것은 결과로 인정받는 것보다 더 어렵습니다. 늘 긴장하고 조심하고 절제하면서, 평소에 잘 해야 하기 때문입니다.

평상시에 이미지를 잘 구축해야 한다는 연장선상에서 말씀드리자면, 인정받으려면 예측 가능한 사람이 되어야 합니다. 모든 사람에게 인정받는 것은 불가능하지만 '저 사람에게 맡기면 이 정도의 결과물은 만들어낸다'라는 이미지를 심어주는 건 가능합니다. 예측 가능한 사람들은 규칙적이라는 공통점이 있습니다. 자기 절제 능력이 바탕이 되어야 하는 거지요.

상황에 따라 달라지는 사람, 어디로 튈지 모르는 사람, 종잡을 수 없는 사람에게는 어떤 기회도 주어지지 않습니다. 상사의 입장에서 생각해보면 불확실하고 불규칙적인 직원에게 어떤 일도 맡기고 싶지 않을 거예요. 그러다 보면 인정과는 영영 멀어지겠지요.

인정받는 데 필요한 세 가지 키워드는 실망, 역할, 절제입니다. 하지만 이해를 돕기 위해 이렇게 분류했을 뿐, 사실 이 모든 것은 상대의 관점에서 생각하는 일로부터 시작합니다.

점점 떨어지는 자신감을 하루 빨리 회복하기 바랍니다. 그렇다고 서두르지는 말고요. 천천히, 그러나 꾸준히, '욕구'를 줄이고 '요구'를 늘려가세요. 자신의 역할을 되새기고 과정을 공유하세요. 잘 할 수 있습니다.

08

협상, 이기려 애쓰지 말고
과정에 집중하자

실무능력은 자신 있는데
협상은 겁이 납니다

저는 아버지의 디자인 사업을 물려받은 젊은 경영인입니다. 제가 어릴 때 아버지는 기계를 몇 대 놓고 사업을 시작하셨어요. 그때는 디자인 사업이라기보다는 OEM 방식으로 제작과 납품을 담당하는 하청업체였죠. 그러다 아버지가 IMF 이후 위기를 돌파하기 위해 디자이너를 고용하고 독자적인 브랜드를 만든 것이 지금의 사업체가 되었습니다.

저는 디자인을 전공한 뒤 아버지의 사업을 이어가고 있는데, 디자이너나 디렉터로서는 제 능력에 자부심을 갖고 있는 반면 사업가로서는 아직 그렇지가 못합니다. 예를 들면 제가 어려워하는 것 중 하나가 협상인데요. 저는 좋게 말하면 예술가적이고 나쁘게 말하면 외골수적인 편이에요. 그런 자의식 때문인지 업체와 협상하거나 디자이너를 스카우트할 때 밀고 당기기를 하지 못하겠더라고요. 초반에는 이런 상황을 피하려고 협상 자리에 부사장을 내보내기도 했는데, 언제까지 이렇게 회피할 수는 없을 것 같습니다.

얼마 전에는 팀장급 디자이너를 스카우트하는 협상 자리에 제가 직접 나갔어요. 심지어 이분은 제가 잘 아는 분이었습니다. 그런데 조건이 나쁘지 않았음에도 불구하고 이야기가 잘 되지 않았어요. 상황을 곱씹어도 뭐가 문제인지 잘 파악되지 않고요. 단지 협상 기술이 부족했던 걸까요? 협상을 잘하는 방법이 있다면 조언 부탁드립니다.

_여성, 36세, 패브릭 디자인 회사 경영

협상의 기준은 내가 원하는 것을 가져가는 것입니다

'인생의 8할이 협상'이라는 말이 있습니다. 그만큼 우리 삶은 비즈니스 외에도 수많은 협상으로 가득합니다. 구매 행위를 할 때 에누리를 하는 것도 단순한 의미에서는 협상이지만, 대부분의 협상은 복잡하고 어렵습니다. 상대의 마음을 읽어야 하고, 설득해야 하며, 손해 보지 않기 위해 뭔가를 제시해야 합니다.

협상을 어려워하는 사람들의 공통점 중 하나가 이 모든 과정을 저급하거나 속물적인 것으로 치부한다는 점입니다. 원하는 것을 가지려고 기를 써야 하고, 장삿속처럼 보일 위험을 무릅써야 하니까 고귀하게 여기지 않는 거예요. 하지만 사실 협상은 심리전이고, 여기에는 어마어마한 에너지가 필요합니다. '그런 것에 에너지를 쓰고 싶지 않아'라거나 '좋은 게 좋은 거지'라고 생각하면 결코 협상을 잘 할 수 없어요.

자, 그렇다면 협상과 관련된 키워드를 떠올려볼까요? 거래, 경쟁, 설득, 설명, 승리 같은 단어를 생각하고 있나요? 네, 맞습니다. 그런 것도 협상의 일부지요. 그런데 제가 생각하는 협상은 바로 '과정'입니다. 상호작용의 과정 말이에요. 이것은 상대가 내게 원하는 것과, 내가 상대에게 원하는 것을 이상적으로 나눠 갖는 일련의 프로세스를 뜻합니다. 서로 많이 가져가려고 하는 것보다 각자가 원하는 것을 가져가는 거예요.

저는 20, 30대에 중국에서 비즈니스를 했습니다. 중국인들은 협상과 논쟁을 즐기는데, 그 틈에서도 저는 협상을 유난히 잘하는 편이었습니다. 젊은 패기도 있었고, 무작정 밀어붙이는 성격도 한몫했지요. 중국인들과의 협상에서 이기는 방법은 간단했습니다. 식사 자리에서 밥을 먹지 못하게 자꾸 말을 걸고 설명하고 설득하면 거래처의 중국인들은 질렸다는 듯이 두 손을 들고 포기했어요.

하지만 저는 그런 방식으로 협상에서는 이겼을지 몰라도 거래에서는 졌습니다. 밥도 먹지 못하게 밀어붙여 계약을 성사시켰지만, 거래처가 더 이상의 액션을 취하지 않았죠. 물론 수금도 할 수 없었습니다. 이런 상황을 두고 제가 협상에서 진정으로 승리했다고 보는 사람은 없을 거예요. 이처럼 상호작용의 과정에서 감정적인 손상을 입히면 안 됩니다. 식사를 하자고 데려와 밥도 먹지 못하게 했으니 얼마나 싫었을까요.

효과적인 협상은 상대방의 요구와 욕구를 구별하는 것부터 시작해야 합니다. 요구는 객관적입니다. 원하는 것을 주면 되지요. 그러나 욕구는 달라요. 상대방의 내면에 무엇이 있는지를 알아야 합니다.

아주 간단한 예를 들어볼게요. 제가 약국을 운영하고 있는데, 손님이 들어와서 숙취 해소 음료들 중 특정 제품을 달라고 합니다. 그런데 마침 그 제품이 다 팔리고 없네요. 상대방의 요구만 보면 "그건 없습니다"라고 말하면 됩니다. 그런데 욕구를 보면 상대가 숙취를 해소하고 싶어한다는 것을 파악할 수 있습니다. 그러면 다른 숙취 해소 음료를 권할 수 있겠지요.

질문에서 '디자이너를 스카우트하는 협상에서 실패했다'고 지적했습니다. 그러면서 '조건이 나쁘지 않았고', '잘 아는 분'이었다고 했죠. 어쩌면 상대의 욕구는 '인간관계'에 있지 않았을까요. 서로 잘 아는 사이니까 인간관계를 기반으로 이야기하기 바랐는데, 협상의 이해관계에만 중점을 두고 이야기한 게 실패 요인은 아니었는지 생각해보기 바랍니다.

욕구는 협상에서 가장 중요한 열쇠이지만, 우리는 상대의 요구에 집착하느라 욕구를 보지 못할 때가 많습니다. 고객의 내면을 파고들어간다면 협상을 시작하기 전에 절반은 성공한 것입니다. 훨씬 높은 충성도를 확보할 수도 있지요. 여기서 한 발 더 나아가 욕구 기반의 새롭고 창의적인 제안을 하려는 노력이 있어야 합니다.

자, 두 사람이 사과 2개를 놓고 싸우고 있습니다. 사과를 몽땅 차지하고 싶어서 그러는 거죠. 그런데 사과의 어느 부분이 필요한지 물어보았더니, 한 사람은 씨앗이 필요하다고 하고 다른 사람은 껍질이 필요하다고 합니다. 그럼 싸울 필요 없이 씨앗과 껍질로 나눠 각자 2개를 가져가면 되겠지요. 협상을 할 때도 이런 제안을 던지는 것입니다.

제가 앞서 협상을 과정이라고 말씀드린 이유는 상호작용의 과정이 있어야 요구가 아닌 욕구를 찾아낼 수 있기 때문입니다. 그가 왜 이렇게 무리한 고집을 부리는지, 왜 이렇게 자신의 이익에 집착하는지 상대를 이해하는 것도 그 과정에서 나옵니다. 요구를 다 들어줄 수 없다면 다른 방식으로 욕구를 채워줘야 합니다. 그렇게 협상 테이블을 길게 가져가면서 서로가 원하는 것들을 위해 대화와 아이디어를 나누어야 합니다. 그것이 각자의 성과를 만들어내는 상호작용입니다.

협상은 누가 더 많이 빼앗아 가느냐 하는 문제가 아닙니다. 좋은 관계를 맺는 데 필요한 과정이에요. 상대의 감정을 자극하지 않도록 주의하세요. 우호적인 커뮤니케이션을 유지하는 데 시간을 투자하세요. 비즈니스 외에도 우리 삶은 크고 작은 협상의 연속입니다. 하지만 모든 협상은 승부의 문제가 아니라 서로를 위한 상호작용이라는 점을 명심하기 바랍니다.

09

외국어 실력을 높이려면
암기보다 응용을

Question

외국어 실력으로
회사에서 인정받고 싶습니다

저는 시청에서 근무하고 있습니다. 입사 후 어려움은 있었지만 조직생활을 하면서 누구나 겪는 정도의 스트레스였고, 나름대로는 무난히 해왔다고 자평합니다.

그런데 최근에 새로운 팀에 합류하면서 곤혹스러운 상황이 생겼습니다. 해외 지방자치단체의 우수 정책을 벤치마킹하는 팀인데, 영문과 출신이라는 이유로 배정되어, 영문으로 쓰인 수많은 서류를 떠맡은 것입니다. 영어영문학이라고는 하지만 복수전공으로 간신히 학점만 채웠을 뿐이고, 회화나 번역 실력은 꽝인데 말이에요.

국문과 나왔다고 다 작가처럼 글을 쓰는 게 아니듯이 영문과 나왔다고 다 영어를 잘하는 게 아니잖아요. 하지만 제가 아무리 자신 없다고 말해도 팀원들은 귓등으로도 듣지 않습니다. 다들 산더미처럼 쌓인 영어 자료에 골치 아프던 차에 영문과 나온 사람이 합류했으니 옳다구나 싶었나 봐요.

하지만 피할 수 없으면 즐기라고 했죠. '그래, 이 기회에 담 쌓고 지내던 영어랑 친해져서 나도 회사에서 인정 좀 받아보자.' 그런 마음으로 영어 공부를 시작했습니다. 인터넷 강의도 신청하고, 교재도 사고요. 그런데 머리가 굳었는지 아무리 공부해도 실력이 늘지 않는 것 같아요. 어제 외운 단어도 오늘 보면 생소하고……. 기억력이 문제인지, 제 공부 방법이 문제인지 모르겠습니다.

무엇보다 이미 맡은 일 때문에 걱정입니다. 매일 혼자 야근을 하면서 자료를 들여다보는데 모르는 단어, 해석할 수 없는 문장투성이니 답답합니다. 이번 일만 잘 해내면 회사에서 제 입지를 굳힐 수 있을 것 같은데, 해결책이 없을까요? 어떻게 해야 영어를 잘할 수 있을까요? 기억력을 높이는 방법은 무엇일까요?

_남성, 32세, 8급 공무원

Answer 🎙

나만의 노트를 만들고,
외국인과 자주 만나세요

기억력을 높이는 방법은 잘 모르겠습니다만, 대신 외국어 공부를 효율적으로 하는 방법을 말씀드릴게요. 제가 외국어 강사는 아니지만, 중국에서 비즈니스를 하기 위해 어학공부에 집중했던 경험을 바탕으로 몇 가지 조언을 드릴 수 있을 것 같군요.

초기에는 듣고 쓰고 외우는 방법보다 기본적인 것들을 숙지하는 게 좋습니다. 영문과를 나왔다니 잘 알겠지만, 모든 언어는 나름의 규칙을 갖고 있습니다. 이것을 먼저 알아놓는 거예요. 예를 들어 중국어는 발음과 영문 표기인 병음을 모르면 진도를 나갈 수 없습니다. 이것을 문법이라고도 하지요. 문법을 익히는 동시에 많이 들어야 합니다. 반복해서 듣는 것이 무엇보다 중요합니다.

그리고 이 단계에서부터 나만의 노트를 착실하게 만들어가야 합니다. 언제까지 교재를 보면서 공부할 수는 없어요. 남이 쓴 책 대신 자신이 쓴 노트를 봐야 합니다. 지루한 기초를 마치게 하는 건 교재가 아니라 노트입니다. 스스로 얼마나 정리를 잘 했느냐가 기초를 결정짓습니다. 반복하고, 적용하고, 검증하는 과정은 외국어를 공부할 때 제일 지루하고 어려운 시간입니다. 자기 노트는 이것을 빨리 끝낼 수 있도록 해줍니다. 노트에 자신이 공부한 문법과 용어를 한눈에 볼 수 있게 정리하세요.

이렇게 공부하다 보면 점점 외울 것이 많아집니다. 주로 문장이나 단어겠지요. 이때 외국어로 된 문장을 수십 개 나열해놓고 외우는 이들이 많습니다. 하지 않는 것보다는 낫겠지만, 이렇게 암기만 하면 시간이 지났을 때 기억해내기가 어렵습니다.

그래서 저는 암기하기보다 응용하는 연습을 추천합니다. 제가 썼던 방법은 '한국어 노트'를 만드는 것이었습니다. 일단 노트에 제가 외국어로 하고 싶은 말을 한국어 문장으로 써놓습니다. 그리고 눈으로는 한국어 문장을 보면서 입으로는 외국어 문장을 말하는 것입니다.

외국에서 나고 자라지 않은 이상 한국인은 한국어로 생각할 수밖에 없습니다. 하고 싶은 말을 한국어로 쓴 뒤 외국어로 바꿔 말하는 게 훨씬 효과적입니다. 처음에는 머릿속에 있는 한국어 문장을 외국어 문장으로 말할 때까지 시간차가 많이 생길 거예요. 하지만 한국어를 외국어로 변환하는 게 익숙해지면 시차도 짧아집니다. 문장만 외웠을 때보다 응용하기도 수월하고요.

하루에 30개 정도 한국어 문장을 뽑고, 이것을 외국어로 말하는 연습을 해보세요. 자신이 나중에 사용할 주제들을 말이죠. 비즈니스에서 사용할 말도 미리 한국어로 준비해보세요. 이런 준비가 되어야 어떤 상황에서도 당황하지 않을 수 있습니다. 유창하지는 못해도 벙어리가 되는 일은 막을 수 있을 거예요.

마지막으로는 외국인과 모임을 만드는 것입니다. 반복적으로 실전을 경험하는 기회예요. 이때 외국인도 우리와 똑같은 사람이라는 사실을 잊지 마세요. 무조건적인 봉사를 기대할 게 아니라 상응하는 대가를 줘야 한다는 뜻입니다.

자신이 초급이나 중급의 외국어 실력을 갖고 있다면, 상대의 시간을 사용하는 것에 충분히 사례를 해야 합니다. 금전적인 거래가 아니더라도 식사를 대접하거나, 정성이 담긴 선물을 건네거나, 남의 공부를 위해 귀한 시간을 내준 그들에게 감사의 표시를 하는 게 좋습니다. 이런 시간으로 현실적인 외국어 능력을 축적할 수 있어요.

만약 외국인과 모임을 갖는 게 힘들다면 같은 목적을 가진 한국인들끼리 엄격한 규칙을 정해놓고 정기적으로 만나는 것도 방법입니다. 원어민 수준의 실력을 가진 사람이 있다면 더욱 좋겠지요.

이런 모임이 중요한 이유는 외국어 공부를 더 많이 고민하게 만들어주기 때문입니다. 남들과 소통하기 위해서라도, 혹은 창피함을 덜기 위해서라도 고민에 고민을 거듭해야겠지요. 또한 질문에서처럼 기억력을 높이는 데도 큰 도움이 될 거예요. 모임에서 이야기할 외국어 문장을 고민하는 시간은 그 문장을 기억하는 시간과 비례하니까요.

나만의 노트 만들기, 한국어를 보고 영어로 말하기, 영어를 사용하는 모임에 참여하기. 대단해 보이지는 않겠지만 꾸준히 노력해보세요. 팀 프로젝트를 진행하다 영어로 된 문건이 나오면 팀원들이 자연스럽게 그런 나를 바라볼 거예요. 도움을 간절히 원하는 눈빛으로 말이죠. 머지않은 그날까지 파이팅입니다.

10

사내정치로 골치 아프다면
가치관을 바로 하라

고래 싸움에 이도저도 못 하는
저 좀 박주세요!

저는 홍보기획팀에서 일한 지 4년 정도 되었습니다. 제가 속한 부서에는 제가 속한 홍보기획팀 외에도 언론홍보팀, 영상홍보팀 등 총 5개 팀이 있고요. 그런데 각 팀들의 관계가 매끄럽지 못합니다. 다들 부서 내의 주도권을 놓고 세력다툼을 하고 있는 상황이에요.

저는 업무의 성격상 나머지 4개 팀과 협력관계에 있을 수밖에 없습니다. 그래서 가능하면 각 팀장님들과 좋은 관계를 유지하려고 노력해왔어요. 그런데 최근 파벌싸움이 심해지면서 몇몇 팀들이 저를 회유한다는 느낌이 듭니다.

제가 한쪽으로 쏠리면 다른 팀들과 관계가 소원해지겠죠. 그러면 제 업무에도 차질이 생길 게 당연하고요. 굳이 한쪽에 붙어야만 한다면 조금 이기적이더라도 성과가 좋은 팀과 가깝게 지내서 제 성과도 함께 인정받고 싶어요. 말하자면 '줄을 잘 서는' 거죠.

몇 개월 뒤 인사고과가 있기 때문에 다들 조금이라도 유리한 위치에 서려고 혈안이 되어 있습니다. 최근에는 저희 팀장님도 세력 다툼에 가세하셨어요. 저도 지금까지는 어떻게든 중립을 지키려고 애썼지만, 이제 방향을 정하고 진흙탕 싸움에 뛰어들 때가 아닌지 싶네요.

제가 어느 편에도 서지 않았던 건 회사 내에서 제게 그만한 영향력이 없어서이기도 했지만, 파벌 싸움에 앞장서고 있는 팀장님들이 맘에 들지 않았던 이유가 가장 컸던 것 같아요. 심지어 저희 팀장님도요.

저는 불화를 정말 싫어하는 사람입니다. 누군가와 다툴 일이 생기만 그냥 제가 지고 마는 성격이에요. 그래서인지 사회생활을 한 지 4년이 지났는데도 이런 완력 다툼이 왜 생겨나는지 의아하기만 합니다. 일에만 집중하면 안 되나요? 다들 왜 그럴까요? 사내정치, 생각만 해도 머리가 지끈거려요. 고래가 싸울 때 새우는 어디로 피해야 할까요? 어떤 고래 뒤로 숨어야 제 안위가 보장될까요?

_남성, 34세, 식품 회사 근무

중립, 관계, 가치관은
나를 지탱하는 뿌리입니다

우리는 정치를 불안해하고, 때로는 격렬한 감정을 느낍니다. 하지만 정치는 필요합니다. 문제는 정치 때문에 해야 할 일을 하지 못하는 것이지요. 일에 몰두할 수 없는 원인을 제공하고, 조직의 성과에 악영향을 주는 정치는 우리에게 큰 스트레스가 됩니다.

사내정치가 극으로 치달으면 조직에서 높은 위치를 맡고 있지 않더라도 선택의 순간이 다가옵니다. 이때 세 가지 방법을 말씀드리겠습니다.

첫째, 중립에 서는 것입니다. 어느 쪽에 서더라도 아군인 동시에 적군이 됩니다. 중립은 모두에게 적이 될 수도 있지만, 거꾸로 생각하면 모든 사람들과 좋은 관계를 맺을 수 있습니다.

둘째, 중립을 고수하기 위해 양쪽 세력의 사람들과 일대일 관계를 맺는 것입니다. 중립에 선 사람에게는 '관계의 경험'이 아주 중요합니다. 훌륭한 팀워크는 철저한 개인주의에서 나옵니다. 떼로 뭉쳐 다닌다고 단결정신이 아니에요. 우리가 원하는 관계는 일대일의 관계입니다. 조금 더 깊이 들어가자면 일대일의 관심, 일대일의 사랑이지요.

굳이 A나 B에 속하지 않아도 A에 있는 누구, B에 있는 누구와 좋은 관계의 경험을 갖고 있으면 결정적인 순간에 그들에게 도움을 받을 때가 생깁니다. 그들을 통해 양쪽의 세력 다툼 속에서 균형을 유지하기도 쉬워지고요.

그럼 좋은 관계의 경험은 어떻게 만들어야 할까요? 답은 나와 연관된 상황을 객관적으로 받아들이는 거예요. 그들이 속한 세력의 정치적인 의견을 따지는 것보다 그들이 그런 정치적인 입장을 가질 수밖에 없었던 까닭과 고민을 이해하는 것이 필요합니다. 그들의 입장을 이해할 때 존중과 공감이 생깁니다. 이런 관심이 세력과 상관없이 좋은 관계를 만들 수 있습니다.

셋째, 투명한 가치관을 갖는 것입니다. 이게 가장 중요합니다. 중립이라는 것만으로는 인정받을 수 없습니다. 검증이 가능한 가치관 없이 중립만 고수한다면 공허하게 반대파만 만드는 결과를 낳습니다. 결국 박쥐같은 사람이라고 손가락질을 받겠지요.

제가 애국이라는 가치를 목숨을 걸고 지킨다고 가정해봅시다. 그러면 이쪽 세력도 저쪽 세력도 저를 건드리지 못합니다. 이렇게 나만의 가치가 중립의 이유일 때 비로소 사람들에게 존중받을 수 있습니다. A도 싫고 B도 싫기 때문에 중립을 선택한다면 양쪽에서 몰아치는 공격을 당해낼 방법이 없어요.

투명한 가치관을 가진 사람은 딱딱한 상황을 유연하게 만들 수도 있습니다. 사람들은 논쟁을 하다 지치면 중재를 원합니다. 그럼 그 중재는 누가 할까요? 중도에서 투명한 가치관을 가진 사람이 할 수 있습니다. 화합과 관계의 측면에서 신뢰할 수 있는 사람, 우리는 그런 사람에게 중재를 부탁하기 때문입니다. 자기 가치관을 확고히 했다면 남들을 설득하기보다 그들이 자기 발로 올 수 있게 만들어야 합니다.

정리하면 중립, 관계, 가치관, 이 세 가지가 사내정치의 혼란 속에서 나를 바로 세우고 지탱하는 뿌리입니다. 살얼음판 같은 세력 다툼의 현장에서 스스로를 지켜내기 위해 지금부터 자신의 가치관을 튼튼히 다져보면 어떨까요? 골치 아픈 사내정치판에서 살아남을 수 있을 뿐만 아니라 동료로서, 부하직원으로서, 상사로서 인정받을 수 있는 비법이 될 거예요.

PART 3

위기를 기회로
만들기 위하여

힘들고 고통스러워도 그 상황에서 도망치지 말고
상황을 지켜보고 적응할 줄 알아야 한다.

01

피하기보다
이겨내야 할 것, 실패

아무리 작은 실수라도
피하고 싶은 심정입니다

　10년 넘게 직장생활을 하다가 작년부터 조그맣게 유통업을 시작했습니다. 직원 2명을 두고 그럭저럭 꾸려나가는 상황이고, 거래처에 필요한 물품을 공급해주는 것이 주된 업무입니다. 이렇게 말하면 일이 아주 간단한 것 같지만 이게 생각보다 쉽지 않습니다. 거래처와 구매 품목의 정확한 정보를 꿰고 있어야 하는 건 물론이고 금전 계산, 취급 상품의 관리, 유통시장의 흐름 분석과 인터넷 홍보 등 해야 할 일이 매우 많습니다.

　처음 이 일을 시작했을 때는 직장생활도 꽤 했으니 그동안의 경험을 바탕으로 못 할 일이 뭐가 있겠냐는 생각이었습니다. 하지만 아무리 작은 회사라도 자영업이고 보니 제가 사원일 때와는 큰 차이가 있더군요. 직장을 다닐 때는 실수를 해도 그것이 곧

바로 손실로 환산되는 경우는 드물었던 것 같습니다. 그저 열심히만 하면 작은 실수는 용서되거나 윗선에서 처리해주는 식이었지요. 그런데 지금은 크고 작은 실수들이 치명적으로 느껴집니다.

제가 자주 하는 실수 중 하나가 계산입니다. 단순한 덧셈 뺄셈의 문제가 아니라 거래처에 공급될 물품의 예상치를 확보해놓지 못해서 거래처 관리에 애를 먹는 식입니다. 거래처 관리는 가장 까다로운 일 중 하나인데, 물건만 납품한다고 끝나는 것이 아니더라고요. 가끔은 거래처 직원들과 회식도 해야 하고 전화나 방문 등으로 친분도 쌓아야 합니다. 그래야 지속적인 거래가 이루어지니까요. 그런데 저는 거래처에서 하는 이야기를 잘 이해하지 못할 때도 있고, 말은 이해했더라도 의도를 파악하지 못해 곤란을 겪기도 합니다.

정리해서 말씀드리자면 단순 사무직에 종사할 때는 열심히만 하면 별 문제가 없었는데 자영업을 시작한 다음부터 시스템에 적응하지 못하고 실수를 반복하고 있습니다. 이 일 자체가 제게 맞지 않는 걸까요? 실패를 이기는 방법을 알려주세요. 지금 매우 혼란스럽습니다.

_남성, 41세, 유통 회사 대표

애써 덮지 말고 기록하고
피드백으로 삼아보세요

우리는 작은 실패를 실수라고 부릅니다. 대부분의 실수나 실패는 자신의 한계 이상에 도전했을 때 생기지요. 익숙하지 않고 학습되지 않은 일을 하다 보면 실패나 실수의 확률이 늘어나니까요. 누구도 실패나 실수를 피할 수는 없습니다. 다만 맞서고 극복할 뿐입니다. 이에 필요한 세 가지 방법을 알려드리겠습니다.

첫째, 결과를 인정해야 합니다. 어느 날 제 아들이 학교에서 시험을 본 뒤 우울한 표정으로 돌아왔습니다. 무슨 일이냐고 물었더니 답안지를 밀려 썼다고 하더군요. 아들의 꼼수일 수도 있겠지만, 녀석의 얼굴에는 '나 지금 안타깝고 억울해, 그러니 건들지 마' 하는 표정이 역력했습니다. 하지만 계속 그런 기분에 얽매어 있어도 결과는 달라지지 않습니다. 오히려 그것 때문에 또 다른 좋지 않은 일이 발생하거나 다음에 해야 할 중요한 일까지 망쳐버릴 수 있습니다.

"시험 답안지를 밀려 쓴 건 내 실수였어."

이렇게 자신의 실수를 말하는 것이 결과를 인정하는 태도입니다. 수습해야 할 일은 남아 있지만 이미 저질러버린 실수는 받아들일 수 있지요. 실패 때문에 생긴 상처나 아쉬움은 잘 회복되지 않습니다. 하지만 결과를 인정하는 것이 실수를 극복하는 첫 번째 방법입니다.

둘째, 기억이 아니라 기록으로 실수를 정리해야 합니다. 실수한 내용을 실시간으로 기록하는 저만의 공간이 있는데, 이름이 '지식게시판'입니다.

일전에 중국의 지난 시로 출장 강연을 간 적이 있습니다. 일을 마치고 돌아오는 길에 너무 배가 고파서, 공항에 도착하자마자 '라면'이라는 메뉴만 보고 무조건 주문부터 했어요. 국물 속에 전복 비슷한 것이 하나 들어 있더라고요. 맛은 별로였지만 허기를 달래느라 허겁지겁 한 그릇을 비웠습니다.

다 먹고 계산하는데 라면 값이 우리나라 돈으로 15,000원이었습니다. 왜 이렇게 비싸지 했더니 라면 이름이 '전복 특 라면'이더라고요. 손바닥만 한 전복 하나가 들어갔다는 이유로 가격이 터무니없이 비쌌던 거지요.

'이렇게 느끼하고 맛없는 라면을 15,000원씩이나 주고 먹다니' 자책하며 나오는데, 바로 옆에 있는 편의점에서 제가 좋아하는 중국 컵라면을 팔고 있는 거예요. '아, 저걸 먹었더라면 1,500원에 한 끼를 맛있게 해결했을 텐데, 다음번에는 꼭 그렇게 해야지' 하고 다짐했습니다. 그 자리에서 휴대폰을 꺼내 '지식게시판'에 적었습니다.

'○월 ○○일 ○○시, 출장지 공항, 배가 고파 제정신이 아닌 상태에서 라면 주문. 라면 값 15,000원.'

다음에 비슷한 상황이 생기면 저는 주문부터 하지 않고 메뉴판과 가격표를 찬찬히 읽어볼 겁니다. 주변의 편의점에서 제가 좋아하는 컵라면을 살 수 있는지도 확인해볼 거예요.

기록은 과거보다 미래에 비중을 두는 행위입니다. 기억으로 실수를 되새기면 우울증이 되지만, 기록으로 정리하면 같은 실수를 반복하지 않을 수 있습니다. 또 기록하는 동안 스스로의 감정도 정리할 수 있지요. 반대로 기억에만 의존한다면 우리는 자신이 했던 실수를 잊어버리고 다음에 같은 실수를 되풀이할 겁니다.

세 번째는 자신의 실수에 피드백하는 것입니다. 실수로써 얻은 교훈이 무엇인지 요약하는 거예요. '길을 물어볼 때는 세 사람에게 묻는다.' 제가 중국에 있을 때 길을 대충 알려주는 사람의 말만 믿고 방향을 잡았다가 낭패를 본 뒤, 지식게시판에 기록해둔 또 하나의 교훈입니다. 실제로 저는 그때 이후 중국에서 길을 물을 때 꼭 세 사람에게 물어봅니다. 이처럼 피드백은 어처구니없는 실수를 값진 교훈으로 바꿔줍니다.

현실적으로 모든 실수와 실패를 피하기는 어렵습니다. 하지만 같은 실수를 반복하지 않음으로써 줄여나갈 수는 있습니다. 잠들기 전에 그날 있었던 일을 요약해보세요. 일기를 쓰거나 블로그를 만들어도 좋겠지요. 그러다 보면 반드시 아쉬운 부분이 있을 겁니다. 그것을 고쳐나가는 것이 실수나 실패를 줄이는 방법입니다.

이 세 가지 방법으로 실수와 실패를 꼭 극복하기 바랍니다. 실수가 실력으로 탈바꿈되는 날이 올 거예요.

02

열정이 필요한 때는
열정이 사라진 순간

내 안에 숨어 있는 열정을
깨우고 싶습니다

IT업계에 종사한 지 7년차 되는 직장인입니다. IT 직종은 70퍼센트 이상이 비전공자이기 때문에 남다른 실력으로 차별을 극복하기 좋은 곳입니다. 그래도 대학에서 정보통신공학을 전공한 저로서는 다른 사람들보다 좀 더 유리한 입장이었다고 할 수 있겠네요.

제가 일하는 직종은 새로운 기술이 생기고 발전하고 사라지는 기간이 짧은 편입니다. 기술의 수명이 짧기 때문에 트렌드에 민감해야 하고 새로운 분야에 적응하는 능력도 필요합니다. 저도 두 번의 이직을 거치면서 도태되지 않으려고 끊임없이 공부해왔습니다.

하지만 열정적으로 업무에 임했던 사원 시절과 달리 대리 직함을 달던 때를 기점으로 일을 대하는 의욕이나 열정이 많이 떨어진 것 같습니다. 유능하고 열정적인 후배들이 하나둘씩 치고 올라오는 상황에서 내후년이면 과장 진급을 해야 하는데, 상사와 후임 사이에서 중간 역할을 막힘 없이 잘 할 수 있을까 회의감이 들어요.

물론 겉보기에 저는 여전히 성실한 직원일 겁니다. 잦은 야근도 거뜬히 소화해내고, 근태에서도 괜찮은 평가를 받습니다. 지금 하는 일이 마음에 들지 않는 것도 아니고 외형적으로는 큰 문제도 없는데 가슴이 뛰지 않는다고 해야 할까요.

우리 직종은 경력과 전문성이 비례하기 때문에 경력자를 크게 우대해주고, 나이가 들어도 일을 할 수 있습니다. 다른 직업에 비해 평균 연봉도 높은 편이고요. 머리로는 제 직업이 비전도 있고 전도유망하다는 것을 알기에 잘해보고 싶은데, 제가 얻을 수 있는 많은 기회들을 알면서도 열정이 생기지 않습니다. 어떻게 해야 열정을 되살릴 수 있을까요? 그리고 교수님이 생각하는 열정이란 무엇인가요?

_남성, 34세, IT 회사 근무

고통이 함께하지 않는 열정은
결코 열정일 수 없습니다

일단 질문하신 분이 생각하는 열정이 무엇인지 묻고 싶습니다. 많은 사람들이 열정을 말하지만 정작 열정이 무엇인지 확실하게 답하는 이들은 그리 많지 않기 때문입니다.

우리가 생각하는 열정은 무엇일까요? 몸 사리지 않고 열심히 일하는 것? 닥치는 대로 도전하는 것? 아니면 어떤 일을 아주 잘하는 것? 무엇보다 열정은 언제 필요할까요? 항상 필요할까요? 열정이 필요 없을 때도 있지 않을까요?

"제가 하는 일이 더없이 즐거워요."

이렇게 말하는 사람이 있다면 이 사람에게는 굳이 열정이 필요하지 않을 겁니다. 자기가 하고 싶은 일을 할 때 열정이 생기는 건 자연스러운 현상이니까요. 오히려 우리에게 열정이 필요한 시기는 열정이 없을 때, 열정을 발휘하기 어려운 때입니다.

열정을 뜻하는 'passion'은 '고통을 감수하다'라는 라틴어 'passio'에서 비롯했습니다. 'passio'에는 우리가 생각하는 열정, 즐겁고 신나고 흥분되는 감정이 없습니다. 오히려 이 말은 고통을 의미합니다. 예수의 최후를 다룬 영화 〈패션 오브 크라이스트〉에 어떤 열정이 있던가요? 그 영화에는 고통만 있습니다. 고통스러운 상황은 열정을 발휘하기 가장 어려운 순간인 동시에 열정이 가장 필요한 순간입니다. 그렇게 보면 열정이 없다는 것은 불편함을 피하고 싶거나 리스크를 감수하기가 싫기 때문이겠지요.

그럼 우리 가슴속의 열정을 깨우는 과정을 세 단계로 나누어보겠습니다.

첫째는 몸이 깨지는 단계입니다. 우리나라에서 피겨스케이트를 타면서 엉덩방아를 제일 많이 찧은 사람은 김연아 선수일 겁니다. 금메달을 따는 게 일이 아니라 엉덩방아를 찧는 게 일일 만큼 몸이 많이 깨졌기에 최고의 선수가 되었겠지요. 열정이란 이런 과정을 거쳐 나옵니다. 몸이 힘든데도 어떤 일을 열심히 하는 거예요.

저는 강연을 하느라 강단에 오래 서 있습니다. 그러다 보면 다리가 아프지요. 하지만 다리가 아픈 것을 참지 못하고 방청객과 같이 의자에 앉아 있으면 집중력과 긴장감이 떨어질 겁니다. 열정은 높은 곳에서 낮은 곳으로 떨어집니다. 좋은 강연을 하려면 불편을 감수하고 다리가 아픈 것을 참아야지요. 그렇게 몸이 깨지다 보면 그 일에 익숙해지고 잘할 수 있지요.

둘째는 머리가 깨지는 단계입니다. 내가 더 많이 알려면 잘 '하는' 것도 중요하지만, 잘 '아는' 것도 중요합니다. 이 과정이 생략되면 어느 순간 포기하고 맙니다. 많이 알고, 많이 배우고, 많이 공부하는 과정에서 열정이 솟아납니다. 머리가 깨진다는 것은 지식의 축적도 있겠지만 기존의 생각을 깨는 것을 의미합니다.

셋째는 마음이 깨지는 단계입니다. 이 단계를 우리는 흔히 '깨달음'이라고 말합니다. 열정은 목적이 아니라 수단입니다. 일이 나에게 열정을 준다면 나는 일의 하위개념일 뿐이겠지요. 하지만 나의 열정이 일의 상위개념이 되어야 합니다. 일이 내게 열정을 주기를 바라는 게 아니라 내가 먼저 일에 열정을 쏟아야 해요.

열정이 생기기 가장 어려운 순간이 열정이 가장 필요한 순간이라는 말에 동의한다면, 지금이 바로 질문한 자신의 잠자고 있는 열정을 일깨워야 할 때입니다. 몸이 깨지고 머리가 깨지고 마음이 깨지는 것. 그때 비로소 우리는 고통을 극복하고 열정이 안겨주는 풍성한 결실을 맛볼 수 있습니다.

03

커리어는 체력과
시간관리에서 시작한다

의지가 약해 문제입니다.
어떻게 해야 할까요?

제 업무 중 하나는 회사에 방문하는 다양한 유형의 고객들을 응대하는 것입니다. 고객이 회사에 들어와서 나갈 때까지 친절하게 응대하고 안내하는 것이지요. 저는 제가 회사의 첫인상이자 끝 인상이고, 브랜드의 이미지이자 간판이라는 생각으로 일해왔어요.

입사 초기에는 날씬하고 준수한 용모 덕분인지 회의가 진행될 때 내방객들을 서비스하는 데 참석하라는 지시도 종종 받았습니다. 그런데 요즘은 회의가 끝난 뒤 미팅룸을 정돈하는 정도로 업무 폭이 한정된 것 같습니다. 입사한 지 6년차 정도 되면서 살이 많이 쪘는데, 외적으로 자기관리를 하는 데 실패한 것이 업무에 불리한 조건이 되지 않았나 싶네요.

외모로 일에 제한을 받는 것은 부당하다는 생각도 들지만, 또 어떻게 생각하면 자기관리에 실패한 스스로에게 화가 난 나머지 괜한 피해의식을 갖고 있는지도 모르겠습니다. 이런 상황이 싫어서라도 당장이라도 다이어트를 해야겠다고 마음먹지만 항상 작심삼일로 끝나요. 출근 전에 피트니스센터를 가겠다고 3달 치를 선불로 끊었는데 한 달을 채우지 못했어요. 식습관도 조절이 안 되고요.

다이어트뿐 아니라 영어공부도 마찬가지입니다. 임원들의 회의 자료나 이동편을 준비하는 것도 제 일인데, 회의가 해외에서 진행되는 경우도 많기 때문에 비행기 티켓을 예매하거나 숙소를 예약해야 하는 상황이 종종 생깁니다. 영어를 잘하면 일을 좀 더 매끄럽게 처리할 수 있을 것 같아서 학원도 끊고 동영상 강의도 신청했지만 며칠도 안 되어 번번이 무너집니다.

다이어트, 운동, 영어공부⋯⋯. 작은 일도 못하는 제가 어떻게 큰일을 할 수 있을지 답답합니다. 뭔가를 끝까지 해낸 적이 없다 보니 이제는 뭔가 새로운 일을 시작하려다가도 '내가 뭘 하겠어' 싶어서 지레 포기해버리기까지 해요. 의지가 약하다는 게 자신감마저 떨어뜨리는 것 같습니다. 어떻게 하면 스스로를 이길 수 있을까요?

_여성, 34세, 비서직

단 한 번에 이루어지는 것은
세상 어디에도 없습니다

우리는 성장하기 위해 뭔가를 결심하곤 합니다. 독서, 운동, 금연, 다이어트……. 하지만 생각처럼 잘 되지 않을 때가 많지요. 어떤 사람들은 체념한 뒤 스트레스를 안고 살기도 하고, 또 어떤 사람들은 스스로를 이겨낸 뒤 목표를 달성하기도 합니다.

하지만 후자인 사람들도 매일 의지를 다지고 끝까지 뭔가를 해내는 것이 쉽지는 않았을 겁니다. 대부분은 가까이 있는 것을 방치하고 멀리 있는 것만 쫓아가다가 중간에 힘이 빠지곤 하지요. 실력, 역량, 습관 같은 것들은 하루 단위로 반복해서 시간이 쌓였을 때 완성됩니다. 매일매일 꾸준히 지속된 일들이 모여 훗날 큰 기적이 이루어집니다.

그럼 어떻게 자신과의 싸움에서 이길 수 있을까요? 세 가지 방법을 공유할게요.

첫째, 순간 포착입니다. 언제 의지가 필요한지 생각해보는 것이 중요합니다. 의지가 하루 종일 필요할까요? 하루 종일 의지를 불태울 일은 그다지 많지도 않을뿐더러 지나치게 에너지가 소모됩니다. 내가 의지를 발휘해야 하는 시간, 장소, 사람을 알면 됩니다. 내 의지가 약해질 때, 내 의지가 약해지는 장소, 내 의지가 약해지는 사람. 나의 아킬레스건이 되는 세 가지를 알고 그 순간에만 의지가 강해지면 되는 겁니다. 평소에 의지가 약하더라도 그 순간만 이겨내면 의지가 강한 사람이 될 수 있어요.

예를 들어 다이어트를 결심한 뒤 운동을 하고 식이요법을 한다고 가정해볼게요. 그런데 결정적으로 먹지 말아야 할 때 먹는다면 그게 언제인지 알아야 합니다. 집에 돌아가는 길 버스정류장 앞에 있는 떡볶이집을 지나치지 못한다면 일을 끝내고 퇴근하는 시점이 의지를 발휘할 때입니다. '언제? 6시 30분쯤', '어디서? 버스정류장 앞에서', '누구? 떡볶이 파는 아주머니.' 이렇게 머릿속에 입력해놓고 그 순간만 넘기는 거예요.

둘째, 자기암시입니다. 언제 의지가 필요한지 메모하고 알람을 설정해놓는 거예요. 퇴근하고 버스정류장에 도착하는 시간에 알람을 맞춰놓으세요. 알람의 타이틀은 '떡볶이집' 정도로 하면 되겠지요.

'조금 있으면 떡볶이집이 나타날 거야. 그냥 지나쳐 버스를 타면 돼.' 이것은 무방비 상태에서 내 의지를 약화시키는 대상과 맞닥뜨리지 않기 위해 스스로를 준비시키는 세뇌 과정입니다. 의식적으로 상황을 대비하는 거죠.

셋째, 스스로에게 보상하세요. 떡볶이집을 지나치면 곧바로 자신에게 보상하는 거예요. '그래, 잘했어'라고 격려하고 칭찬해줄 사람을 섭외해두는 것도 방법이겠지요.

사람들이 모바일게임을 즐기는 이유는 게임의 결과가 즉시 나오기 때문이라고 합니다. 만약 게임의 결과를 한참 뒤에 이메일로 알려준다면 그 게임을 하는 이들은 크게 줄어들 거예요. 즉각적으로 보상이 주어지기 때문에 게임에 빠져드는 것처럼 같은 방법으로 좋은 습관을 만들어보세요.

자, 다시 정리해볼까요? 아침운동을 결심했다면 멋진 운동복과 운동화를 구입해서 머리맡에 놓고 주무세요. 일어나자마자 갈아입을 수 있도록 미리 상황을 만들어두는 거예요. 자기 전에는 스스로에게 암시하세요. '아침에 일어나기 싫을 거야. 하지만 일어날 수 있어'라고요. 조깅을 하면서 맞을 신선한 아침 공기, 조깅이 끝난 후의 상쾌한 기분을 상상하는 것도 도움이 되겠지요. 마지막으로 조깅을 하고 나서 스스로에게 즉시 보상하세요. "너니까 하는 거야." 나의 결심과 실행을 누군가와 공유한 뒤 이런 말을 듣는다면 그것도 굉장한 보상이 될 겁니다.

자기를 이기는 힘은 최고의 경쟁력입니다. '의지가 약하다는 게 자신감마저 떨어뜨리는 것 같다'고 했는데, 의지가 필요한 순간 단 한 번 자신을 이기는 것에서부터 시작해보세요. 이런 과정들이 자신감을 회복하게 할 겁니다. 포기하지 않고 제게 질문을 준 것 자체가 자신의 의지였음을 잊지 마세요.

04

길을 잃었을 때는
때를 기다리는 여유를

하는 일이 재미없는데,
다른 일을 해야 할까요?

이직한 지 1년 정도 된 20대 직장인입니다. 예전 직장은 중국 전시 사업을 하는 작은 회사였고, 지금 다니는 곳은 분야는 비슷하지만 규모가 훨씬 큰 회사예요.

처음 이직할 때는 새로운 직장에서 배울 점도 훨씬 많고 커리어도 더 쌓을 수 있으리라 생각했어요. 그런데 막상 큰 회사에 있어 보니 저는 이곳에서 필요 없는 사람인 것 같아요. 저라는 특별한 존재가 거대한 기계 속의 아주 작은 부품처럼 볼품없이 느껴진다고 할까요.

딱히 저한테 지정해주는 업무도 없고, 할 일이 없으니 시간도 많이 남아요. 사무실에서 빈둥거리다 보면 괜히 눈치도 보이고 위축감도 들고요. 예전 직장을 선택했던 이유는 중국에 관심이 많아서였는데, 이곳에서는 국내 전시만 담당해서 재미도 없어요.

지금 하는 일에서 흥미도, 의미도 찾지 못하다 보니 자꾸 다른 일에 눈이 가요. 텔레비전을 보다가 방송작가가 되면 어떨까 하는 생각도 하고, 카페를 차린 친구 이야기를 들으면서 바리스타 자격증을 따볼까 싶기도 하고…….

돌이켜보니까 학창시절에도 그랬던 거 같아요. 음악을 전공하는 친구를 보면 피아노를 배우고 싶고, 그림 그리는 친구를 보면 그것도 재미있어 보이고요. 제가 선택한 일에서는 희열을 찾기 힘들었고, 다른 사람이 하는 일이 더 멋져 보였어요.

무엇보다 회사에서 저는 중요한 사람이 아닌 것 같아서 그게 가장 괴로워요. 예전 직장은 규모가 작다 보니 한 사람이 담당해야 하는 역할이 많았거든요. 그때 저는 활기가 넘쳤고 스스로가 중요한 사람이라고 느꼈어요. 하지만 큰 조직에서 분업화된 업무만 하고 그나마도 일이 많지 않으니 자꾸 무기력해져요. 한없이 늘어져 있다 보면 '도대체 나를 왜 채용한 거지?' 하는 의문도 생기고요.

지금과 같은 상황이 계속되면 저는 또다시 직장을 옮겨야 할까요? 전혀 경험해보지 않은 새로운 분야로 뛰어드는 것은 어떨까요?

_여성, 28세, 컨벤션 회사 근무

종과 횡을 살펴본 뒤에
내 자리를 찾아야 합니다

이직한 직장에서 스스로의 가치를 발견하지 못해 힘들어하는군요. 주어진 일이 많지 않다 보니 남는 시간들을 무기력하게 보내고 있고요.

스스로가 '거대한 기계 속의 부품처럼' 느껴진다 했는데, 생각해봅시다. 방송국에서 일하는 모든 사람들이 텔레비전에 나오는 건 아닙니다. 몇몇 출연자들이 카메라 앞에 설 때 수많은 스태프들은 그 뒤편에서 일합니다. 개중에는 방송과 직접적인 관계가 없는 업무를 보는 이들도 있을 거고요.

그렇다고 방송에 나오는 사람들만 중요한 일을 하는 거고, 방송에 나오지 않는 사람들은 덜 중요한 일을 하는 걸까요? 아니지요. 이것은 경중의 문제가 아니라 역할의 문제입니다. 집단 안에서 각자의 역할이 다른 것뿐이에요. 지금과 같은 고민을 하는 이유는 예전 직장과 달리 큰 조직에서 세분화된 일을 하면서 아직 자신의 포지션을 찾지 못했기 때문인 듯합니다.

남자들이 군대에서 가장 힘들어하는 일이 뭘까요? 훈련? 제설작업? 상명하복 문화? 외의로 제일 고통스러운 건 '대기', 즉 기다리는 시간입니다. 질문하신 분도 지금 그 시기를 겪고 있다고 생각합니다. 에너지가 넘치는 사람일수록 대기하는 시기를, 한가한 일상을 견디지 못합니다.

제가 보기에 질문하신 분은 천생 일꾼인 것 같습니다. 일할 때는 생기가 넘치지만 일을 하지 않으면 금세 무기력증에 빠져들고 우울해지지요. 하지만 불안해하지 말고 이 시기를 잘 보내야 합니다. 그러면 무엇을 하면서 이 시간들을 활용해야 할까요?

회사생활에서 자신의 역량을 키우는 방법은 두 가지가 있습니다. 하나는 깊이, 종(縱)입니다. 업무의 프로세스를 개선하고, 자신이 하고 있는 일을 좀 더 전문화시키면서 깊이 파고드는 거지요. 또 하나는 넓이, 횡(橫)입니다. 넓이를 가지려면 자신의 역할과 지금 하고 있는 일을 객관적으로 바라볼 필요가 있습니다. 직장은 나를 어떻게 평가하는지, 우리 조직이 하는 일을 외부에서 어떻게 생각하는지, 더 나아가 외국에서는 국내 전시 사업을 어떻게 바라보는지 같은 것들 말입니다.

한번쯤 사무실 문 앞에 서서 사무실의 전경과 자신의 책상을 바라보세요. 우리 부서는 회사 안에서 어떤 역할을 하는가, 동료들은 지금 무엇을 하는가, 내 자리는 내게 어떤 의미가 있는지 질문을 던져보세요. 그리고 질문들을 차츰 본인에게 좁혀보세요. 자신의 역할을 되새기고 그 역할에 맞게 주어진 시간을 활용하는 법을 찾아야 합니다.

자신의 역할을 찾으면 자신이 나아가야 할 분야, 나만의 콘텐츠가 보입니다. 이것을 발전시켜야 합니다. 남는 시간에 웹서핑을 하더라도 손가는 대로 이것저것 클릭하는 게 아니라 특정한 분야를 정해놓고 카테고리 별로 검색해보세요.

전시나 영화, 공연이라도 내 역량을 넓혀가는 데 도움이 될 만한 것들을 찾아 하나씩 섭렵하는 것도 좋은 방법입니다. 이번 주 안에 무엇을 끝낼 것인가, 이번 달에는 이 분야의 누구를 만날 것인가, 다음 달에는 어떤 책을 읽을 것인가, 그렇게 나만의 프로젝트를 끝없이 만들어야 합니다.

학생들이 학원을 다니는 이유는 혼자 공부하는 법을 모르기 때문입니다. 혼자 하면 불안한 거지요. 주체적이지 못한 사람은 불안하기 때문에 다른 사람이 무엇을 하는지 기웃거립니다. 그러다 보면 남의 떡이 더 커 보이기도 하겠지요.

직장을 다니는데 왜 한가할까요? 회사에서 딱히 정해주는 업무가 없기 때문이라고요? 하지만 시키는 일만 하는 것은 노예를 자처하는 것과 다를 바 없습니다. 주체적이고 능동적으로 생각하면 할 일이 넘쳐납니다. 자기만의 계획을 세우고 그 계획에 따른 개인 프로젝트를 실행하다 보면 미래를 위해 준비할 게 무척 많을 거예요. 시간, 환경, 상황처럼 이미 주어진 조건은 어쩔 수 없으니 바쁘면 바쁜 대로, 한가하면 한가한 대로 이 모든 것을 자신에게 유리한 방향으로 이용해야 합니다.

어쩌면 앞으로 회사생활을 하는 동안 지금처럼 한가한 순간은 다시 오지 않을 수 있습니다. 그러니 지금 이 시기를 열정적으로 보내세요. 자신의 역량을 늘릴 수 있도록, 그래서 많은 일을 요구받았을 때 소화할 수 있도록 말이에요. 그리고 잊지 마세요. 본인의 존재가치는 회사가 아니라 스스로 정해야 한다는 사실을요.

05

혼자 있기 힘들다면
'개인주의'를 마음껏 누려라

Question

이제라도 온전히
내 힘으로 서고 싶어요

저는 보건복지부 산하 기관에 근무하는 공무원입니다. 일한 지는 3, 4년 정도 되었어요. 사실 20대 중반까지만 해도 공무원이 되는 건 생각도 하지 않았습니다. 나름대로 괜찮은 대학을 나왔는데 취업에 여러 번 실패했고, 부모님의 성화로 공무원시험을 본 게 이 일을 한 계기였어요.

진로를 결정한 것도 그렇지만 저는 혼자 뭔가를 선택하는 데 어려움을 느낍니다. 우유부단한 성격 탓도 있겠지만 제 생각대로 뭔가를 밀고 나가는 게 두려워요. 주변 사람들이 이런저런 것을 하라고 대신 결정해주면 그 일이 마음에 들거나 그렇지 않더라도 따르는 편이고요.

회사에서도 팀의 일원으로 시키는 일은 잘 하지만, 제가 주도

해야 할 일이 생기거나 뭔가를 결정해야 하는 순간이 오면 지레 겁을 먹곤 합니다. 내가 너무 의존적인 건 아닌가, 혹은 책임을 회피하고 싶어하는 건 아닌가, 그런 생각이 들어요.

입사 1, 2년차일 때는 제가 전면에 나설 일도 거의 없었지만, 솔직히 말하면 유능하다는 말은 듣지 못하더라도 다른 사람에게 묻어가는 게 속 편하다는 생각도 했어요. 그런데 연차가 올라가면서 제가 적극적으로 일을 진행해야 할 상황이 점점 늘어나고, 그때마다 심하게 스트레스를 받아요. 앞으로 이런 상황이 계속될 텐데 벌써부터 눈앞이 캄캄합니다.

사적인 이야기를 덧붙이자면 저는 평소에도 혼자 뭔가를 하는 것이 싫습니다. 혼자 밥 먹는 것, 혼자 카페에 가는 것, 혼자 영화를 보는 것, 다 제가 못하는 일이에요. 그러다 보니 먹고 싶지 않은 음식, 보고 싶지 않은 영화라도 친구들에게 휩쓸려 따라다니는 경우가 자주 있고요.

얼마 전, 부모님이 시골로 내려가시면서 직장 근처에서 혼자 살았는데, 저는 속상한 일이 생기면 누구라도 사람이 옆에 있어야 마음이 놓이거든요. 혼자 살다 보니 직장에서 돌아와도 너무 우울해요. 그래서 틈만 나면 시간이 비는 친구랑 약속을 잡으려고 하고요. 친한 친구가 바쁘면 덜 친하더라도 당장 만날 수 있는 친구를 불러내려고 여기저기 전화하기도 해요.

이렇게 질문하고 보니 제가 참 한심하네요. 크게 잘난 건 아니라도 특별히 열등감을 가질 만한 이유가 없는데, 왜 저는 혼자라는 것에 이렇게 큰 부담을 느끼는 걸까요? 지금이라도 이런 저를 바꾸고 싶습니다.

_여성, 30세, 공무원

Answer 🎤

남에게 휩쓸리는 것은
나와 남을 비교하기 때문

"혼자서 뭐 잘하세요?"

이렇게 물어보면 대부분의 사람들이 금방 대답하지 못하고 머뭇거립니다. 혼자라고 하면 어쩐지 불안하고 외롭고 미완성인 상태처럼 느끼기 때문이 아닌지 생각해봅니다. 아마 질문하신 분의 고민에 공감할 사람들이 많을 것 같네요.

얼마 전,《주간인물》이라는 시사주간지에서 저를 인터뷰하러 왔는데, 그 호의 주제가 '글로벌과 이노베이션'이었습니다. 저는 중국에서 글로벌 일을 하고 있고 국내에서 1인 기업도 하고 있습니다. 어찌 보면 둘은 극과 극처럼 보이지만, 1인 기업가로서의 마인드가 없으면 다른 일도 할 수가 없습니다. 인터뷰를 할 때 기자분이 1인 기업가로서 무엇을 중요하게 생각하느냐고 물어서, 저는 '혼자' '스스로' '즐겁게' 하는 것이 가장 중요하다고 대답했습니다.

하지만 혼자, 스스로, 즐겁게, 성공할 수 있는 방법을 말씀드리기 전에 다른 질문을 먼저 할게요.

'팀워크에서 가장 중요한 건 무엇일까요?'

흔히 팀워크라고 하면 희생정신, 커뮤니케이션을 이야기합니다. 하지만 저는 철저한 개인주의가 가장 중요하다고 생각합니다. 희생도 자신에게 뭔가 있어야 할 수 있고, 커뮤니케이션도 자신에게 소통할 거리가 있어야 가능합니다. 다시 말해 무언가를 혼자 하거나 같이 하더라도 개인주의가 밑바탕이 되어야 하는 거지요.

개인주의는 이기주의나 자기중심적인 마인드와 다릅니다. 스스로를 어떻게 인식하느냐, 스스로 무엇을 잘하느냐에 따라 개인의 성장과 팀의 발전이 좌우됩니다. 야구나 축구처럼 단체운동을 하는 이들은 자기의 역할을 아는 것이 얼마나 중요한지 잘 알 거예요. 자기 자리를 지키지 못하면 자신은 물론 팀에게도 손해를 끼치니까요.

하지만 우리는 종종 제자리를 지키지 못하고 남에게 휩쓸려 다닙니다. 그렇게 되는 가장 큰 원인은 비교입니다. 내가 할 일을 알아서 하는 게 아니라 다른 사람과 비교하고, 다른 사람을 따라 하는 식입니다. 하지만 진짜 경쟁력은 혼자, 스스로, 즐겁게, 뭔가를 하는 것에서 나오는데, 세 가지 방법으로 정리할 수 있어요.

첫째, 혼자 할 수 있는 좋은 습관을 익히는 것입니다. 집에 혼자 있을 때 텔레비전만 보는 이들이 많습니다. 혼자 뭔가를 하는 것이 익숙하지 않기 때문에 아무 생각 없이 수동적으로 할 수 있는 일을 고르는 것입니다. 처음에는 내가 텔레비전을 보다가, 텔레비전이 텔레비전을 보다가, 나중에는 텔레비전이 나를 보는 상황이 벌어집니다. 그렇게 되면 결국 오감이 마비되겠지요.

저는 혼자 사는 이들에게 집에 일찍 가서 텔레비전만 볼 거면 차라리 집에 일찍 가지 말라고 합니다. 저는 일을 마치고 집에 가다가 뭔가 정리해야겠다는 생각이 들면 훌쩍 어딘가로 갑니다. 도서관도 좋고 동네 카페도 좋습니다. 하지만 혼자 있을 때 해야 할 일을 만들어놓지 않으면 장소가 생겨도 시간을 낭비하지요. 이를테면 습관적인 독서를 위해 책을 지니고 다니는 버릇을 들이면 어떨까요. 언제 혼자 있을지 모르니까 그럴 때를 대비해 늘 책을 지니고 다니는 거예요.

글을 쓰거나 메모를 하는 습관도 좋습니다. 휴대전화 메모장, 다이어리, 수첩……. 모든 도구, 모든 시간을 활용해 자신의 일상을 글로 정리해보세요. 업무 메모도 좋지만 개인적인 메모도 해보세요. 기록의 힘은 놀라워서, 평범한 일상도 기록이라는 형식을 거치면 새로운 아이디어를 발견할 수 있는 보물창고가 됩니다. 제가 아는 어떤 분은 패션업계에 종사하는데, 보고서를 아주 잘 쓴다고 하더라고요. 비결이 뭐냐고 물어봤더니 늘 휴대전화나 수첩에 메모해놓고 이동할 때마다 생각한답니다. 많은 기록, 오랜 생각, 두 가지가 합쳐지면 보고서를 잘 쓸 수밖에 없겠지요.

사람들과 함께 있을 때는 불가능하지만 혼자 있을 때 비로소 가능한 일들이 있습니다. 그렇게 1인 프로젝트를 만들어 하나씩 실행하다 보면 혼자 있는 시간을 보람 있게 보낼 수 있을 거예요.

둘째, 자기 원칙입니다. 자기 원칙은 혼자 있을 때도 내가 흐트러지지 않도록 나를 지켜주는 것입니다. 제 주변에는 1인 기업을 하는 분들이 많은데, 상대적으로 성공이 더딘 분들이 있습니다. 그들의 공통점은 명확한 기준이 없다는 것입니다. 프리랜서도 마찬가지예요. 원칙이 없는 분들은 일이 있을 때는 나 자신으로 똑바로 서 있더라도 일이 없을 때는 자기 자신이 아닌 경우가 많습니다. 따라서 스스로 원칙을 만드는 것이 필요한 겁니다. 몇 시까지 무엇을 할지 미리 정해놓는 것도 원칙이고, 복장도 중요한 원칙일 수 있습니다.

예를 들어 재택근무를 한다면, 같은 집 안이라도 작업실에 들어갈 때 나름대로 출근 준비를 해야 합니다. 작업실의 문턱을 경계선으로 생각해야지요. 그렇지 않고 하루 종일 세수도 하지 않은 얼굴에 잠옷을 입은 채로 일을 해서는 제대로 진행되지 않습니다.

질문하신 분도 혼자 집에 있을 때, 스스로 지켜야 할 것을 설정해놓으면 좋겠습니다. 여기에는 한 가지 조건이 있는데, 쉬운 원칙부터 세우는 거예요. 다이어리에 메모하는 습관을 말씀드렸지요. 다이어리에 다음 날 할 수 있는 일, 꼭 실행할 수 있는 일부터 쓰세요. 그리고 다음날이 되었을 때 다이어리를 열어보는 것부터 시작하면 되는 거예요. 어렵지 않지요?

셋째, 즐겁게 하세요. 내가 잘하는 일을 하는 것은 즐거운 일이 될 수 있습니다. 하지만 즐거운 일이 쉬운 일은 아닙니다. 어떤 일을 잘하려고 하면, 그래서 즐거움이라는 종착지까지 가려면 그 길에는 지난하고 고통스러운 과정이 필연적으로 들어갑니다. 우리가 얻고 싶어하는 즐거움은 단순한 쾌락이 아니라 성취고 보람이기 때문입니다. 귀찮고 힘든 과정을 거쳐 무언가를 잘하게 되었을 때, 우리는 인정받고 실력과 성과를 얻습니다. 거기에서 오는 즐거움을 상상하면서 과정을 견뎌야 합니다.

혼자, 스스로, 즐거워지려면 이처럼 많은 노력을 전제해야 합니다. 좋은 습관을 들이는 노력, 원칙을 세우고 지키는 노력, 즐거움이라는 열매를 따기 위해 고통을 견디는 노력……. 하지만 이 노력으로 진정한 개인주의를 완성하면 거기에 주어지는 보상도 오롯이 나의 것입니다.

이 세 가지 방법을 잘 실천해서 혼자 누릴 수 있는 눈부신 즐거움을 만끽하기를 바랍니다.

06

미칠 게 없다면
오늘과 내일에 미치자

Question

미칠 일이 없다는 그게
저를 더 미치게 합니다

증권업에 종사하고 있는 1년차 직장인입니다. 저희 부서에서는 미국, 일본, 홍콩, 유럽을 비롯한 31개국 해외 주식을 서비스하고, 고객의 해외 주식 매매를 담당합니다. 저는 그중 리테일 고객과 홀세일 고객의 해외 주식이나 글로벌 ETF 세일즈를 맡고 있어요. 리테일은 개인투자자, 홀세일은 기관투자자를 말합니다. ETF는 상장지수펀드로, 주식과 펀드의 중간 정도입니다.

사실 일을 하는 데는 큰 문제가 없습니다. 실체가 있는 고민이라기보다는 내적인 고민이라고 해야 할까요. 제 고민을 한마디로 말씀드리면 '미치고 싶은 일이 없어서 미칠 것 같다'는 것입니다. 사실 저도 취업 후 이런 고민을 할 줄 몰랐습니다.

저는 어려운 집안에서 자랐습니다. 부모님은 아침 일찍부터 밤

늦게까지 열심히 일하셨지만, 기술이나 전문성이 필요하지 않은 직업이라 그만한 경제적인 대가가 없었어요. 저는 평생을 고단하게 살아온 부모님이 가여운 한편, 제 미래에 절박한 심정이었습니다. 좋은 직장, 높은 연봉, 그 두 가지를 얻으려고 앞만 보고 달려왔다고 해도 과언이 아닙니다.

학창시절에는 학점과 스펙에 사활을 걸었습니다. 원하는 곳에 취업하려고 미친 듯이 공부했던 기억밖에 없습니다. 한 번도 장학금을 놓치지 않았고, 토익 만점에 자격증도 10개가 넘습니다. 그리고 제 전공과 관련이 있는 직업을 찾아서 입사한 곳이 지금 회사의 해외상품부예요.

겉보기에 저는 큰 문제가 없습니다. 그런데 뭐랄까, 취업한 시점부터 제가 껍데기만 남은 것 같다는 생각이 자꾸 듭니다. 학창시절 내내 취업이 목표였는데 그 목표를 이루고 나니 방향을 잃은 듯합니다. 돌이켜보면 제가 상상하는 미래는 취업한 순간이 끝이었던 것 같아요.

취업하려고 정신없이 달렸던 그 열정이 어떻게 한순간에 사라질 수 있는지. 미친 듯이 달려 목적지에 도착하고 나니 더 이상 미칠 일이 없습니다. 그게 지금 저를 미치게 하고요. 다른 목표를 정하면 되는데 그걸 모르겠어요. 여기까지 오는 데 에너지를 다 써버린 걸까요? 요즘은 감정기복도 심하고 뭘 해도 짜증만 납니다. 무엇에 미쳐야 이 슬럼프를 극복할 수 있을까요?

_남성, 29세, 증권사 근무

오늘 모든 것을 쏟아도
내일은 내일의 해가 떠오릅니다

어렵게 회사에 입사한 뒤 스스로 몰두할 수 있는 일을 찾지 못하는 상황인 듯합니다. 우리나라 대학생들에게 흔히 나타나는 행태와 많이 닮아 있기도 하고요. 중학교와 고등학교 때 미친 듯이 공부해서 대학생이 되면, 그때부터는 술 마시고 흥청망청 놀면서 청춘을 낭비하는 20대가 많지요. 그동안 힘겨웠던 것을 보상받으려는 마음도 있을 테고, 일정한 목표를 이루었기 때문에 더 이상 무엇을 해야 할지 모르는 것도 있을 겁니다.

답변을 드리기 전에 입사라는 목표를 위해 다른 즐거움을 반납하고 열정을 불태웠던 그 시간들만큼은 높이 사고 싶습니다. 그리고 무엇에 미쳐야 하는지 세 가지 방법을 함께 이야기해보겠습니다.

첫째, 자신의 미래를 상상하는 데 미쳐야 합니다. 베트남을 필두로 6개월 동안 10여 개 나라를 여행한 '한상오'라는 청년이 있습니다. 저를 인터뷰하러 오면서 인연을 맺은 친구인데, 첫 만남 때 제 책과 블로그를 보고 20가지 질문을 작성해온 것이 인상 깊었습니다.

"교수님처럼 되고 싶습니다."

첫날 한상오 군은 제게 이렇게 말했고, 그때부터 제 강연 스케줄과 일정을 꿰며 저를 쫓아다녔습니다. 왜 그랬을까요? 그가 단지 김형환이라는 사람을 본 것이라면 그렇게 저를 따라다니지 않았을 겁니다. 그는 김형환에게서 한상오의 미래를 봤던 것입니다.

미래에 대한 상상력이 없는 사람들은 대부분 인간관계도 제한적이고 자신이 알고 있는 것도 많지 않습니다. 역으로 말하면 발품을 팔아 사람들을 만나고 대화를 나누고 자극받을 때 우리는 미래를 상상할 수 있습니다. 나아가 정보를 얻을 수 있는 강연회 등에 주기적으로 참여하는 것도 미래에 대한 상상력을 키웁니다. 아는 것이 있어야 미래도 보이니까요.

둘째, 자신의 약점에 미쳐야 합니다. 강점이 아니라 약점에 미쳐야 하는 것은 자신의 약점을 방치하면 결국 강점의 기반마저 흔들리기 때문입니다. 약점은 보통 습관의 문제입니다. 자신이 현재 갖고 있는 치명적인 약점을 기록한 뒤, 분석하고 보완해야 합니다.

셋째, 오늘에 미쳐야 합니다. 이것은 얼핏 미래를 상상하는 데 미치라는 말과 대척점에 있는 것처럼 들릴 수 있습니다. 하지만 미래란 결국 오늘이 축척된 결과입니다. 오늘에 올인해야 미래를 기약할 수 있습니다. 지금 이 순간을 낭비하지 마세요. 그리고 텔레비전에서 벗어나세요. 드라마 속 다른 인물의 스토리가 아니라 바로 나의 스토리에 미쳐야 합니다.

"오늘 하루 열심히 살았더니 방전되었어요."

이렇게 말씀하는 이들이 있는데, 맞습니다. 하루를 열심히 살면 하루를 마감하는 시간에는 에너지가 방전됩니다. 자정이 넘도록 잠이 오지 않는다면 그날 하루를 열심히 살지 않은 것일지 모릅니다. 자정이 되어도 잠이 오지 않는다면 에너지가 방전될 때까지 밖에 나가서 뛰기라도 해야 합니다. 그날의 에너지를 바닥까지 써야 숙면을 취할 수 있으니까요.

'취업하려고 정신없이 달렸던 그 열정'은 사라지지 않았습니다. 다만 분출할 방향을 잡지 못하고 내면에 고여 있을 뿐입니다. 그 열정을 미래에, 오늘에, 그리고 내 약점에 쏟기 바랍니다. 내일은 내일의 에너지가 생깁니다. 그렇게 또 하루를, 오늘을, 매일을 살면서 미래를 향해 나아가는 거예요. 할 수 있습니다.

07

무너진 신뢰를 되돌리려면
타이밍이 관건

Question

그때 내가 한 말을
되돌릴 수만 있다면

요즘 들어 인간관계에서 피로감을 많이 느끼고 있습니다. 힘도 들고요. 집에서는 사춘기에 접어든 아들과 소통하는 게 힘들고, 직장에서는 과장으로 진급한 뒤 중간관리자의 역할에 어려움을 느껴요.

최근에는 바로 위의 상사인 팀장님과 사소하다면 사소한 불화가 있었는데요, 그때 이후 곤혹스러운 상황의 연속입니다. 평소에도 그분은 참견이나 잔소리가 많은 성격이에요. 그래도 이때까지는 그럭저럭 잘 맞춰왔는데, 저도 사소한 불만이 쌓여서인지 며칠 전 결정적인 실수를 하고 말았어요.

"이번 주 목요일까지 제출해야 하는 보고서는 어디까지 작성됐어? 그리고 내일 업체 미팅에는 나도 같이 갔으면 하는데 괜찮겠지?"

팀장님은 평소와 다름없는 어투로 말씀하셨는데, 그날따라 제가 상담 고객과 트러블을 겪으면서 기분이 몹시 언짢은 상태였어요. 그러다 보니 제가 좀 꼬아서 말을 들었나 봐요.

"보고서 관련해서는 목요일까지 된다고 아까도 말씀드렸는데요. 내일 업체 미팅은 담당자 미팅이라 굳이 팀장님까지 가지 않으셔도 되고요."

저도 말해놓고 보니 말투가 너무 딱딱한 것 같아서 아차 싶었어요. 그런데 제가 뭐라고 덧붙이기도 전에 팀장님이 얼굴이 벌게져서는 화를 내시더라고요.

"아니, 신경 써주면 고마운 줄 알아야지!"

그날 곧바로 죄송하다고 말씀드렸지만 팀장님의 기분이 쉽게 풀리지 않는 것 같아요. 제게 말도 잘 걸지 않으시고 어색한 분위기가 되고 말았어요. 이미 사과도 드린 상황이라 제가 더 이상 할 수 있는 일도 없는 것 같은데, 시간이 지날수록 감정의 골이 깊어지니 출근할 때마다 답답하고 한숨만 나네요. 팀장님과의 관계를 다시 회복하고 싶은데, 어떻게 해야 할까요? 조언을 부탁드립니다.

_여성, 42세, 투자상담센터 근무

실수했다면 신속하고
정확하게 대응해야

같은 직장 안에서, 그것도 직속 상사와의 불화는 피가 마르는 상황이지요. '출근할 때마다 답답하고 한숨이 나는' 고충이 이해가 갑니다. 사회생활을 하다 보면 한순간 사람들과의 관계에 적신호가 오거나 신뢰에 금이 가는 순간이 생깁니다. 약속을 지키지 않았다거나, 실망을 안겨주었다거나, 감정을 드러냈다가 불편한 상황에 처하기도 하지요.

신뢰를 회복하는 방법은 두 가지 상황에 따라 달라집니다. 우선 내부 사람인지 외부 사람인지 구분해야 합니다. 내부 사람에는 가족이나 친구, 직장 상사나 후배가 해당될 수 있습니다. 직장 상사도 내부 사람이냐고 의문을 가질 수 있지만, 매일매일 얼굴을 보는 직장 선후배 사이를 이해관계라고 보기는 어렵기 때문에 내부 사람으로 구분하는 것입니다.

외부 사람은 고객이나 거래처 등 자주 접하지 않는 사람이 될 것입니다. 친구 중에서도 친한 친구는 내부 사람일 수 있지만 이해관계에 있는 친구라면 외부 사람일 수 있지요. 먼저 내부 사람과 신뢰를 회복하는 방법 세 가지를 알려드리겠습니다.

첫째, 자중 시간을 가져야 합니다. 자중 시간이란 내가 상대방에게 잘못한 것을 스스로 정리하고 생각하는 시간입니다. 다시 말해 자신이 상대방의 마음을 아프게 했다는 사실을 인정하는 것이지요. 신뢰가 깨지는 일이 생겼을 때 우리는 상대가 내부 사람인 경우 심각하게 받아들이지 않거나 유야무야 넘어가는 경향이 있습니다. 하지만 가까운 사람이 더 어렵습니다.

이 단계가 없으면 서로 서운한 마음만 지속될 뿐입니다. 어쩌면 특별히 신뢰를 깰 만큼 잘못한 것이 없을지도 모릅니다. 그렇더라도 관계를 회복하려는 주체가 나이기 때문에 내 잘못을 받아들여야 합니다.

둘째, 기본에 충실해야 합니다. 지금까지 상대방과의 관계에서 무엇이 중요했는지 생각해보세요. 예를 들어 직장 상사의 경우 나로 인해 불편이나 손해를 본 경우라면 대하기가 참 어렵겠죠. 하지만 그럴 때일수록 평소보다 더 예의를 지키거나, 인사를 잘 하거나, 기본에 충실한 모습을 계속 보여주는 것입니다. 기본에 충실한 것은 자중 시간을 갖는 것만큼 중요합니다. 두 개가 하나의 패키지로 묶여 있다고 볼 수 있지요.

이 과정에서도 상대방은 여전히 마음의 문을 열지 않을 수 있습니다. 그리고 우리는 '내가 이만큼 노력하는데 상대방도 내 마음을 알아줘야 하는 게 아닌지' 생각할 수 있습니다. 그런데 이건 옳지 않습니다. 자신을 표현하는 대신 상대방의 실망을 고스란히 받아들여야 합니다. 그래서 어려운 것이죠.

셋째, 상대방이 나를 인정할 때까지 기다려야 합니다. 깨어진 신뢰를 회복하기 위해 내가 노력하고 있다고 해서 하루아침에 상황이 만회되지 않습니다. 상대에게도 시간이 필요하다는 것을 인정하고, 당장 불편하더라도 기다려야 합니다. 내부에 있는 가까운 관계일수록 자중 시간을 갖고, 기본을 지키며, 일정 시간 기다리는 것이 우리가 할 수 있는 최선입니다.

이 세 가지와 더불어, 지금까지 내가 관계를 바라보던 관점을 모두 버리고 다시 시작하겠다는 마음을 가져보세요. 인간관계에 대한 새로운 비법과 지식이 필요합니다. 책을 읽는 것도 도움이 됩니다. 사람을 바라보는 관점과 완전히 다른, 타인의 관점을 배울 수 있으니까요. 많은 사람들의 이야기를 접하는 것, 그리고 나와 다른 사람들, 동시에 나와 같은 사람들을 마주하는 자세가 필요합니다. 거기에 해답이 있을 거예요.

다음은 외부 사람과의 신뢰를 회복하는 세 가지 방법입니다. 첫째, 내 잘못을 즉시 인정해야 합니다. 늘 얼굴을 보는 관계가 아니기 때문에 빨리 시인하는 것이 상대의 마음을 누그러뜨리는 최선의 방법입니다. 자주 보지 못하면 그 문제를 쉽게 잊어버릴 것 같지만 터놓고 풀 기회가 없기 때문에 상대는 마음속에 담아둡니다. 내 잘못을 빨리 시인하지 않으면 상대의 분노를 키우는 결과가 되지요.

잘못을 시인하는 장소도 중요합니다. 사각형 테이블보다는 원형 테이블이 효과적일 거예요. 조금만 다가가도 옆에 앉을 수 있으니까요. 또 함께 같은 곳을 바라볼 수도 있어요. 갈등은 설득만으로 해소되지 않습니다. 상대의 시점에서 상대의 감정을 함께 느껴야 합니다. 공감하는 차원을 넘어 직접 그 사람이 되어야 합니다. 원형 테이블에 앉아 내가 상대의 실망과 분노를 십분 인정하고 있다는 것을 자연스럽게 전달해보세요.

둘째, 현물로 보답하는 것도 필요합니다. 원인이 내게 있을 경우 현물 보답이 인지상정입니다. 현물이라고 해서 반드시 물질적인 것을 의미하는 건 아닙니다. 말로만 때우는 것보다 편지 한 장을 쓰는 것도 현물이 될 수 있어요.

어떤 모임에서 한 학생이 제게 조금 잘못한 적이 있었습니다. 저도 사람이니까 내심 섭섭했지요. '저 친구가 나를 그 정도밖에 보지 않는구나.' 그런 생각도 했어요. 그런데 얼마 지나지 않아 그 학생이 제게 장문의 편지를 보내왔습니다. 장문의 편지를 받는 순간 그 편지를 읽기도 전에 마음이 풀리더군요. '이 친구가 잘못을 반성하고 내게 사과하려고 용기를 냈구나' 하는 생각이 들면서 섭섭하던 마음이 녹아버린 겁니다. 그것이 바로 현물 보답의 힘이에요.

셋째, 만회할 수 있는 기회를 놓치지 마세요. 외부 사람은 늘 얼굴을 마주하지 않기 때문에 언제 어떻게 기회가 올지 아무도 모릅니다. 하지만 언젠가는 상대에게 현실적인 도움을 줄 수 있는 결정적인 순간이 올 거예요.

제 지인 중에 보험 영업을 하는 분이 있습니다. 그런데 어느 날 그분이 고객에게 뭔가 잘못한 모양입니다. 즉시 사과를 드렸지만 그 뒤로 고객과의 사이가 서먹서먹해지고 말았습니다. 그런데 크리스마스 전날, 그 고객이 한 연극의 티켓이 반드시 필요해지자 그분은 백방으로 뛰어 구했습니다. 그 다음에 관계가 회복된 것은 물론입니다.

인간관계란 원래 줄타기를 하듯 아슬아슬하고 위태로운 상황의 연속입니다. 기다림도 필요하지만 지나치게 시간이 지나면 아무리 수습하려 해도 회복이 어려워요. 그래서 타이밍이 중요합니다. 아무쪼록 앞에서 말한 것들을 명심해서 상사와 신뢰를 회복하기 바랍니다.

08

내 영업이 고객에게 안겨줄
변화에 주목하라

Question

세일즈 때문에 '멘붕'인
저 좀 도와주세요

저는 보험 영업직에서 3년을 일하다가 얼마 전에 자동차 영업직으로 옮겼습니다. 영업으로 사회생활을 시작해서 같은 직종으로 이직했으니 초보는 아닌데 어쩐 일인지 처음 일을 시작했을 때보다 지금이 더 두렵고 막막합니다.

그동안 열심히 일하면서 신규 판촉도 하고 지인들에게 소개도 유도했는데 정작 판매 실적은 그리 좋지 않았어요. 게다가 이직한 때를 기점으로 계약 성사율이 계속 떨어지다 보니 멘탈도 함께 떨어지네요.

며칠 전에는 고객이 매장에 와서 가격을 협상하고 구매까지 결정하고 갔는데, 다시 전화하기가 겁이 납니다. 물론 저도 처음부터 이렇지는 않았어요. 다만 비슷한 상황에서 제가 먼저 전화했을 때 귀찮은 듯이 전화를 끊거나 연락 줄 테니 기다리라며 짜증내는 이들을 자주 겪다 보니 이제는 가능성이 있는 고객에게 전화하는 것도 쉽지 않습니다.

부정적인 경험이 두려움을 키우고 자신감을 갉아먹는 것 같습니다. 제 자신이 초라해 보이고 여유도 없어집니다. 한번 이런 마음이 들기 시작하니까 요즘은 아예 전화하는 일이 두렵습니다. 고객이 계약하겠다고 말했어도 '진짜 할까?', '전화하면 귀찮아하지 않을까?' 하는 생각이 들어서 전화기만 보며 하루 종일 기다린 적도 있습니다.

제가 소극적이다 보니 구매를 결심했다가 변심하는 고객들이 생기고, 저는 그럴수록 자신감이 떨어지는 악순환입니다. 한 달에 3, 4대를 판매해야 기업체 평균 월급이 되는데 지난달부터는 거의 허탕만 치고 있네요.

요즘은 사람을 믿지 못하는 성격까지 생겼습니다. 왜 다시 온다고 해놓고 오지 않는지, 왜 연락하라고 해놓고 막상 연락하면 귀찮아하는지, 기존 출고 고객은 왜 나를 소개시켜주지 않는지, 아무것도 모르겠어요. 제가 너무 힘들어하니까 주변에서도 다른 일을 찾아보라고 합니다. 하지만 이렇게 그만둬버리면 열패감에 빠져 다른 일이나 잘할 수 있을까 싶습니다. 세일즈 심리장애를 극복하는 방법이 있을까요?

_남성, 33세, 자동차영업소 근무

나를 팔려고 서둘지 말고
고객을 올바른 길로 이끄세요

한때 영업부가 대접받지 못하던 시절도 있었지만, 언제부터인가 영업부는 기업의 핵심 부서이자 트렌드가 되었습니다. 지금은 영업부서를 우선순위로 두고 공부하는 학생들도 많고, 영업을 경험하려고 남들이 가지 않는 분야를 선택하는 이들도 있습니다. 반대로 영업을 공부하지 못했거나 경험하지 않은 이들은 일이 잘 풀리지 않는 경우도 봅니다.

예를 들어 창업하는 사람들에게도 영업은 필수입니다. 그런데 영업을 모르고 창업한 사람들은 시장을 장악하지 못해 어려움을 겪습니다. 좋은 기술만 있으면 시장을 장악할 수 있을 것 같지만 기술과 영업은 별개의 영역입니다. 기술을 보유해도 영업으로 자신의 시장을 독보적으로 키우지 못하면 성공할 수가 없지요.

하지만 영업이 모든 분야에서 필수적인 능력이 되었다는 것을 인지하더라도, 그 중요성만으로는 세일즈 심리 장애가 극복되지 않습니다. 그럼 어떻게 해야 할까요? 세 가지 방법이 있습니다.

첫째, 편견을 극복해야 합니다. 여전히 어떤 사람들에게는 영업을 바라보는 시각이 좋지 않을 수 있습니다. 주변에서 말리는 분이 있을지도 모르고요. 그럴 때 우리가 할 수 있는 최선은 다른 사람의 이야기를 들지 않는 것일지 모릅니다. 편견을 이기는 방법은 무방비 상태에서 다른 사람의 이야기를 흡수하는 것이 아니라, 고개를 숙이고 자신을 돌아보는 것입니다. 내가 왜 그 일을 해야 하는지, 그 일로 뭘 얻고자 하는지 심사숙고하면서요.

어떤 일을 할 때 내가 똑바로 서 있으면 타인의 편견이 끼어들 여지가 없습니다. 하지만 종종 나 자신을 정비하기도 전에 타인의 시선, 타인의 생각이 틈입하면 나는 송두리째 흔들리기도 합니다. 나보다 더 내 일을 많이 생각하는 사람은 없습니다. 주변 사람은 업무의 본질도 모르면서 막연한 추측, 일반화된 인식으로 그 본질을 흐리기도 합니다. 만약 일에 긍지와 자부심을 잃어버린 상황이라면 주변 사람들의 이야기보다 자신의 초심을 먼저 되새기기 바랍니다.

둘째, 거절에 익숙해져야 합니다. 세일즈는 업무 특성상 언제 어디서 누구에게 거절을 당할지 모릅니다. 그러나 그것은 계약 하나를 거절당한 것이지 나라는 인격이 거절당한 것은 아닙니다. 거절당한 대상을 계약이 아니라 나 자신으로 확장할 때 우리는 자존심에 상처를 입고 자신감을 잃어버리고 맙니다.

거절의 본질은 사람이 아니라 타이밍일 수 있습니다. 상대는 해결해야 할 일이 너무 많아 결정을 미룬 것일 수 있습니다. 또는 머릿속이 복잡할 때 연락을 받아 흔쾌하지 않은 것일 수도 있습니다.

어쩌면 우리는 남들에게 너무 많은 것을 기대하는 건 아닐까요? 질문을 들여다보면, 은연중에 이 물건을 소개하면 구매할 거라고, 내가 계약을 권유하면 사인을 할 거라고 생각하지는 않았지요. 하지만 이것은 '그랬으면 좋겠다'라는 기대를 '그렇게 될 것이다'라는 추측으로 환원한 것입니다.

사람들은 취향도 성격도 다릅니다. 그 다양성을 두루두루 경험하지 못했을 때, 우리는 기대 또는 추측에 부합하지 않는 상황에 당황하고 상처를 받습니다. 하지만 그런 일이 반복될수록 두려움을 키우는 대신 현실을 직시하는 계기로 삼아야 합니다. 거절은 언제, 어디라도, 누구에게라도 당할 수 있습니다. 내 세일즈의 시기와 방법이 부적절했다면 그것을 점검하고 수정하는 것만으로 충분합니다. 그렇게 거절을 이겨낼 수 있는 의지와 열정을 다져가야 합니다.

셋째, 책임의 한계를 설정하세요. 계약을 성사한 뒤에도 우리는 이 사람을 끝까지 책임져야 한다는 부담과 불안을 느낍니다. 책임을 지는 건 당연한 일이지만 그 책임을 너무 광범위하게 설정하면 자신을 괴롭히고 맙니다. 회사의 몫까지 내가 책임져야 한다고 생각하면 막막하지만 계약한 내용만 책임을 진다고 생각하면 훨씬 수월합니다.

고민의 짐을 나누어 짊어지세요. 제품의 질은 공장이 책임지고, 사후 서비스는 서비스센터가 책임지는 겁니다. 영업자가 할 일은 창구 역할을 잘 하는 것이고요. 고객이 불만을 가져왔을 때, 상대를 이해하는 한편 창구로서의 역할을 하면 본분을 다한 겁니다.

'진짜 계약할까?', '전화하면 귀찮아하지 않을까?' 걱정한다고 했지요. 하지만 그 일은 일어나지 않았습니다. 우리가 두려워하는 것은 모두 일어나지 않은 일입니다. 우리는 생기지도 않은 일을 앞서서, 그것도 커다란 덩어리로 인식하는 경우가 많습니다. 그러면 어떤 일이라도 두렵지요. 미리 걱정하지 마세요. 앞서서 불안해하지 마세요. 그때가 되면 우리는 해결할 수 있습니다.

세일즈맨은 단순히 물건을 파는 직업이 아니라 내가 판 물건으로 상대의 삶의 질을 높이고 궁극적으로 그를 변화시키는 일입니다. 그러니 자신감을 갖고 자신의 영업이 상대에게 가져올 변화에 주목하세요. 영업이 멋진 직업인 이유는 그것이 사람을 올바른 방향으로 변화시키는 일이기 때문입니다.

09

삶이 힘들다면
그에 적응할 방법을 찾자

Question

사는 게 너무 힘듭니다.
어떻게 해야 하나요?

저는 6살 아들을 둔 워킹맘입니다. 요즘은 직장도 직장이지만 삶 자체가 힘들다는 생각이 자주 들어요.

남편은 광고대행사에 근무하는데, 야근과 회식이 잦습니다. 늘 아프고 힘들다는 말을 달고 삽니다. 물론 이해는 해요. 안쓰럽기도 하고요. 하지만 항상 바쁘고 피곤한 남편 대신 제가 모든 것을 다 떠맡아야 하니 저도 버겁습니다.

아들을 어린이집에서 데려오려고 상사의 눈치를 보며 칼퇴근하고, 집에 와서도 혼자 집안일을 도맡습니다. 멀지 않은 곳에 사시는 홀시어머니도 챙겨야 하고요. 제 시간이나 제 생활은 포기한 지 오래네요. 아이를 낳은 지 얼마 안 되었을 때는 남편에게 가사분담을 부탁하기도 했지만, 매일 야근에 회식에 힘들어 하는 모습을 보니 제가 먼저 단념하더군요.

무엇보다 집에서도, 회사에서도 심리적으로 기댈 데가 없다는 게 저를 더욱 서럽게 합니다. 남편도 예전에는 그렇지 않았는데 일에 시달리고 몸이 나빠지면서 신경질이 늘더라고요. 어떨 때는 하소연도 하고 싶고 투정도 부리고 싶지만 그러다 보면 부부 싸움으로 이어지니 이제는 제가 참고 말아요.

위로가 필요하고 휴식이 필요하지만 도저히 방법을 찾을 수가 없습니다. 얼마 전에는 아이가 사소한 잘못을 했는데 제가 지나치게 화를 내고 말았어요. 그 일이 마치 제가 제 자신을 다잡는 데 실패하고 있는 것처럼 느껴져 절망스러웠어요.

직장을 그만두고 싶어도 아이와 가족의 미래를 위해 결정한 일이라 섣불리 번복할 수 없습니다. 저만 이렇게 힘들게 사는 걸까요? 삶이 너무 힘들 때 어떻게 해야 하나요?

_여성, 35세, 세무사 근무

힘든 일은 힘들게 견디는 마음가짐이 필요합니다

우리가 힘들다고 할 때 보통 세 가지 경우가 있는 것 같습니다. 경제적인 문제, 인간관계의 갈등, 하고 싶지 않은 일을 하는 상황이 그것입니다. 질문하신 분도 경제적인 문제 때문에 맞벌이를 해야 하는 상황에서 직장인으로서, 부모로서, 아내로서, 또 며느리로서 여러 가지 역할을 감당하다 보니 여간 고단한 게 아닌지 싶습니다. 남편께서 이해하고 공감해주지 않는 것 같아 마음의 상처도 입었을 테고요. 그 고민을 제가 완전히 해결해드리기는 힘들겠지만, 삶이 힘들 때 우리가 그것을 이겨나가는 태도 몇 가지는 말씀드릴 수 있을 것 같습니다.

첫째, 주어진 상황을 객관적으로 바라보는 것입니다. 잘잘못을 따지고 시비를 가리다 보면 왜 나한테만 이런 일이 생기는지 서럽고 억울해집니다. 나의 고통은 다른 사람의 그것과 비교할 수 없지만, 내게 닥친 상황 자체는 누구에게나 일어날 수 있는 일이기도 합니다.

살다보면 힘든 일이 참 많지요. 뜻하지 않은 재난을 겪기도 하고, 예기치 못하게 몸이 아프기도 합니다. 인간관계가 단절될 때도 있고 갑작스럽게 헤어질 때도 있습니다. 이럴 때 우리의 내면에서는 이런 목소리가 들립니다. '왜 내게만 이런 일이 생기는 걸까?', '내게 무슨 문제가 있는 걸까?', '내가 혹시 잘못했나?'…….

그렇게 시작된 질문이 꼬리에 꼬리를 물면 스토리는 신파극으로 변질됩니다. 문제를 해결할 수 있는 에너지는 사라지고 다른 사람을 탓하고 원망합니다. 결국 문제 자체가 아니라 문제가 불러온 억울함, 서러움, 미움, 증오 때문에 내면이 황폐해지기도 합니다. 그러므로 누구에게나 일어날 수 있는 일이 내게도 일어났을 뿐이라고 인정하는 게 우선입니다.

일본은 지진이 오랜 기간 일상화되다 보니 재난을 당했을 때 놀라울

정도로 의연합니다. 만약 그들이 '왜 우리에게만 이런 일이 벌어질까?', '우리나라는 왜 이럴까?' 하는 생각에 빠져들기 시작하면 집단우울증에 걸리고 말겠지요. 그러다 보면 삐뚤어진 욕망 때문에 잘못된 방향으로 나아갈 수도 있을 겁니다. 과거처럼 남의 나라를 침략하면서 영토 확장에만 몰두하거나, 전쟁을 일으켰다 패망하거나 하는 식으로요. 이처럼 외부에서 해결책을 찾으려고 하면 상황은 더 악화될 뿐입니다.

둘째, 행동이 필요합니다. 상황은 객관적으로 받아들이되, 행동은 주관적으로 해야 합니다. 무작정 다른 사람을 따라 가는 게 아니라 자신이 할 수 있는 최선을 알고 행동하는 거예요.

누군가와 사이가 틀어졌다면 지금의 내 욕구가 무엇인지 먼저 자문해보세요. 그와 관계를 회복하고 싶은지, 그 일을 빨리 잊고 싶은지를 따져보는 거예요. 주관적인 행동 구별은 이루거나 잊거나 둘 중 하나를 선택하는 것입니다.

둘 다 하기 싫다면 그건 객관적인 행동이 됩니다. 객관적인 행동의 특징은 '손해 보는 일은 하지 않는다'는 것입니다. 하지만 인간관계에서는 손해를 감수하지 않으면 상황도 개선되지 않습니다. 힘들면 힘들수록 손해를 견디고서라도 한쪽을 선택하는 게 가장 좋은 해결책입니다.

누군가에게 돈을 떼었다면 어떻게 받아들여야 할까요? '이런, 나쁜 놈', '어떻게 나한테 이럴 수 있지'라고 생각하면 주관적이 되지요. 반면에 사실을 객관적으로 바라본다는 것은 '내가 돈을 잘못 빌려주었구나', '내가 믿어선 안 될 사람을 믿었구나' 하고 있는 그대로 인정하는 거예요.

그런 다음 주관적인 행동 구별은 어떻게 해야 할까요? 그 사람을 찾아 나서거나, 빨리 잊고 일상으로 복귀하거나, 둘 중 하나를 선택하는 거예요. 그를 찾아내는 것, 그를 잊는 것, 두 가지 다 그 일을 해결하는 것입니다. 해결에 이르기까지 내 행동의 방식을 선택하고, 그 선택의 결과를 감당하는 것이 내 몫입니다.

셋째, 힘든 상황에 의도적으로 적응해야 합니다. 힘든 길을 쉽고 편하게 걸어가려 한다면 그것은 불합리한 기대입니다. 힘든 상황에 힘들게 적응하는 것, 저는 그것이 의도적인 적응이라고 생각합니다. 피하려고 해봤자 언젠가는 같은 상황에 맞닥뜨릴 뿐이에요.

영화 〈밀양〉에서 전도연이 분한 이신애는 아들이 납치된 후 살해되자 그 사건에서 벗어나지 못해 고통스러워합니다. 하지만 살인범을 용서하기로 마음먹고 교도소로 찾아가지요. 그런데 살인범은 뻔뻔한 얼굴로 말합니다. 자신은 예수를 믿게 되었다고, 신앙을 가진 사람은 다 용서받는다고. 그녀는 경악합니다. 피해자의 어머니인 자신만이 살인범을 용서할 수 있는데, 그는 아무렇지 않은 표정으로 이미 용서를 받았다고 말하니까요.

살인범이 진심으로 회개했다면 그는 그렇게 이야기할 수 없었을 겁니다. 힘들게 해야 할 일은 힘들게 하는 것이 제대로 하는 거지요. 불미스러운 일을 다시 겪지 않으려면 힘든 일을 힘들게 겪은 뒤 새롭게 눈을 떠야 합니다. 눈이 뜨이는 경험은 쉽게 이루어지지 않지만 비싼 대가를 치르고 눈이 뜨이면, 우리는 같은 실수를 범하지 않거나 더 큰 어려움에 맞닥뜨렸을 때 대응할 수 있습니다.

질문 자체에서 지친 마음이 전해져서 안타깝습니다. 하지만 아이와 가족을 위해, 그리고 스스로를 위해 어떻게 해서라도 이 시기를 헤쳐 나가고 싶어서 질문했을 거라 짐작합니다. 객관적으로 상황을 인정하고, 주관적으로 행동을 선택하고, 힘든 일은 힘들게 견뎌야 한다는 마음가짐을 가져야 합니다. 삶이 힘들 때, 우리는 그 힘듦으로부터 도망치는 대신 힘듦에 적응해야 합니다.

10

전략과 가치관이 바로 서야
골리앗을 이긴다

Question

다윗과 골리앗의 싸움,
제가 지금 그런 처지입니다

저는 개원한 지 10년 된 병원의 원장으로, 규모는 작지만 투명하고 내실 있게 운영해왔습니다. 그런데 얼마 전부터 병원이 받는 치료비가 치료 원가에 미치지 못하는 저수가제도와 3대 비급여 개편으로 많은 병원들이 경영 위기를 겪고 있으며, 저도 예외는 아닙니다.

이런 상황에 불과 한 블록 떨어진 곳에 대형 병원이 들어설 예정입니다. 병상이 300개 이하이니 엄밀히 말하면 대형 병원은 아니고 저희와 같은 중소 병원으로 분류됩니다만, 규모만 놓고 보자면 다윗과 골리앗만큼 큰 차이가 있습니다. 10년 동안 이런저런 난관을 넘겨왔지만, 저로서는 지금이 가장 큰 고비가 아닌지 싶습니다.

상황이 어려울 때도 직원들이 곤란을 겪지 않도록 신경을 쓴 덕분인지 저희 스태프들은 짧게는 3년, 길게는 10년 가까운 세월을 저와 함께해왔습니다. 다들 제 앞에서 내색은 하지 않지만 위기의식을 느끼고 있는 것 같습니다. 데스크 서비스를 강화하자거나 환자 중심의 공간을 늘리자는 의견들을 자발적으로 내더군요. 저는 직원들의 그런 모습이 고마운 한편, 병원의 책임자로서 의연한 태도를 보이고 확실한 비전을 제시하고 싶다는 생각이 있어요.

병원 시설을 보강하는 방안도 염두에 두고 있지만, 저희 병원을 찾는 환자들의 사례를 보면 비용에 비해 효과적이지 않은 장비에 투자하는 건 오히려 경영을 악화시키지 않을까 하는 생각도 듭니다.

상대 병원이 오픈 전이니 아직 경영이 악화되는 징후는 없지만, 저는 이미 많이 위축되어 있습니다. 상대방의 규모나 홍보력, 자금력 등을 감안할 때 생존의 위협을 받는 것도 사실이고요. 어떻게 하면 저희 같은 소규모 병원이 대형 병원과의 경쟁에서 살아남을 수 있을까요?

_남성, 50세, 병원장

규모가 크다는 것 역시
리스크입니다

질문한 분뿐만 아니라 많은 사람들이 나보다 큰 상대와의 경쟁에 주 눅 들곤 합니다. 경쟁을 앞두고 우리는 나와 상대를 비교합니다. 개인이 라면 외모, 학력, 스펙을, 기업이라면 자금, 아이템, 규모 면에서 내가 가 진 조건이 상대보다 불리하다고 느낄 수 있지요. 이럴 때 무작정 열정 과 의지로 돌파하기는 어렵고 전략이 필요한 상황입니다. 질문하신 분 또는 비슷한 상황에 처한 회사나 개인에게 말콤 글래드웰의 저서《다윗 과 골리앗》의 내용을 소개해드리고 싶습니다. 그 책의 내용과 더불어 제가 생각하는 전략을 몇 가지 말씀드리겠습니다.

이스라엘과 블레셋이 전쟁을 할 때, 이스라엘 병사들은 겁에 질려 있 었습니다. 블레셋의 병사들은 자신들과 상대도 되지 않을 만큼 기골이 장대했기 때문입니다. '저렇게 큰데 어떻게 맞서 싸울까?', '이 싸움을 피할 수는 없을까?' 이런 생각에 휩싸여 있었으니 이스라엘 병사들은 이미 싸움에서 졌다고 해도 과언이 아니었어요.

그런데 이때 이스라엘 군대에 다윗이 등장합니다. 다윗은 병사도 아 니었고, 형들에게 도시락을 전해주러 온 양치기 소년일 뿐이었어요. 그 런데 다윗이 블레셋의 골리앗을 상대하겠다고 나섰습니다. 사울 왕이 다윗에게 자신의 갑옷과 투구를 내주었지만 다윗의 체구는 너무 작아 서 맞지 않았고, 다윗은 몸을 움직이기 불편할 거라 생각해 갑옷과 투구를 거절합니다. 반면에 골리앗은 키가 3미터에 달하는 거인이었습니다. 자, 여기에서 다윗의 경쟁력을 세 가지로 구분해보겠습니다.

첫째, 현상을 전략의 대상으로 삼아야 합니다. 현상은 눈에 보이는 것입니다. 골리앗의 체구가 큰 것은 하나의 현상이고, 다윗의 본질은 전쟁에서 이기는 것입니다. 다윗은 골리앗에게 말합니다.

"네가 와라!"

이것이 다윗의 전략입니다. 골리앗은 뇌하수체라는 병에 걸려 있었기 때문에 덩치가 비정상적으로 컸고, 이 병에 걸린 사람은 시력이 많이 떨어집니다. 한마디로 다윗은 골리앗이 움직이면 움직일수록 불리한 상황이라는 것을 알고, 상대의 약점을 자신의 전략으로 이용한 겁니다.

1983년, 모토로라가 우리나라에 상륙하자 삼성은 모토로라를 상대로 경쟁을 벌입니다. 삼성은 1989년부터 1994년까지 기술 개발에 매진했고, 산악지역이 많은 우리나라의 환경에 맞게 통합 품질에 박차를 가했습니다. 그리고 1994년, 모토로라와의 경쟁에서 역전하고 우위에 서는 쾌거를 이루었습니다. 어떻게 이런 일이 가능했을까요? 왜 모토로라는 삼성에게 패배했을까요? 그 이유는 바로 모토로라가 1등이었기 때문입니다.

규모가 크고 선두주자에 있다는 건 또 하나의 리스크입니다. 현상을 역이용하거나 전략을 바꾸기가 훨씬 어렵기 때문이에요. 사업의 규모가 작으면 오히려 발 빠르게, 또 유연하게 대처할 수 있습니다. 현상은 현상일 뿐 절대적인 경쟁력이 아닙니다. 현상은 전략의 대상이기 때문에 어떻게 활용하는지가 중요합니다.

둘째, 강점으로 경쟁해야 합니다. 강점은 곧 무기이기도 합니다. 골리앗과 싸울 때 다윗의 손에는 무릿매가 들려 있었습니다. 보잘것없어 보이는 이것은 그러나 다윗의 강점이자 무기였습니다. 양치기였던 다윗은 양을 지킬 때 늑대의 습격을 막기 위해 무릿매를 이용해 돌팔매질을 했습니다. 한마디로 돌팔매질에는 이골이 나 있었던 거죠. 그리고 다윗은 정확히 돌팔매질을 해서 골리앗을 쓰러뜨립니다. 반복된 훈련, 숙련된 경쟁력이 결정적인 순간에 승리의 요인이 된 거죠.

병원의 규모가 작더라도 강점을 분석해보세요. 분명히 핵심적인 강점이 있을 거예요. 강점은 선천적인 것과 후천적인 것이 있습니다. 선천적인 강점은 성향이고, 후천적인 강점은 경쟁력입니다. 그리고 다윗의 사례에서 보듯이 후천적인 강점은 훈련과 연습에서 나옵니다. 결국 중요한 것은 크기가 아니라 어디에 경쟁력을 둘 것인가 하는 문제입니다.

미국 최대의 유기농 슈퍼마켓 체인점인 홀푸드마켓의 창업자 존 매키도 처음에는 작은 슈퍼마켓의 주인이었습니다. 하지만 그는 대형 마켓과의 경쟁에서 살아남기 위해 유기농이라는 전략을 세웁니다. 엄선된 유기농 제품으로 고가전략을 세우고, 상품 진열에도 차별화를 둡니다. 결국 작은 마켓이 매장별 매출에서 대형 마켓을 능가하는 결과를 이루어냈습니다.

일정 기간 노력하면 다른 사람이 도저히 따라올 수 없는 경쟁력이 갖춰집니다. 작은 병원이라서 가능한 일, 우리 병원이라서 할 수 있는 일에 집중하세요.

셋째, 가치 있는 믿음을 만들어야 합니다. 블레셋이 전쟁을 일으킨 명분은 영토를 차지하는 것이었습니다. 하지만 이스라엘인들에게는 하느님이라는 가치가 있었습니다. 다윗은 골리앗에게 이렇게 선포합니다.

"하느님의 이름으로 블레셋의 골리앗을 처단하노라."

가치 있는 믿음은 내적인 동기를 불러일으킵니다. 가치 있는 믿음은 환자들을 줄서게 할 수 있지만, 환자는 두 번째 고객입니다. 첫 번째 고객은 내부에 있죠. 위기 상황일수록 내부 직원들 사이에서 우리 병원만의 가치를 세우는 게 중요해요.

미국의 제약 회사 머크의 가치는 '이 땅에 결핵환자가 없는 세상을 만드는 것'입니다. 그들은 1945년 원자폭탄이 투여된 일본에서 천만 명이 넘는 결핵 환자를 무료로 치료했고, 현재도 300년의 역사를 가진 '머크 웨이'라는 여섯 가지 가치철학으로 이어오고 있습니다.

'공정무역 커피'를 아시죠? 요즘 백화점에서 아주 인기입니다. 이 커피가 인기를 누리는 이유는 공정무역이라는 가치에 사람들이 줄을 서기 때문입니다. 또 다른 사례를 들자면 저희 동네에 사회봉사활동을 많이 하는 작은 병원이 있습니다. 아프리카 봉사활동을 비롯해 다양한 일을 하더군요. 그런데 아무리 오래 기다리더라도 이 병원에서 진료받기를 원하는 사람들이 많습니다. 고객은 무조건 가격이 싸다고 선호하지 않습니다. 좋은 의료서비스도 중요하지만, 고객들은 자신의 가치관과 병원의 가치관이 일치할 때 그 병원에 충성도를 가집니다.

우리는 강한 상대를 만났을 때, 혹은 패배가 예정된 듯한 싸움을 할 때, 다윗과 골리앗의 싸움이라고 비유적으로 말합니다. 하지만 그 싸움의 승자는 다윗이었다는 것을 잊지 마세요. 중요한 건 크기가 아니라 전략입니다.

PART 4

핵심 인재로
성장하는 조건들

상황에 따라 움직이고, 늘 변명거리만 찾는 사람
조직은 결코 그를 기다려주지 않는다.

01

상식의 힘으로
비상식에 이르는 길, 창조

Question

다들 '창조'를 외치는데,
도대체 창조는 뭘까요?

저는 스마트기기의 콘텐츠를 개발하는 회사에서 부장으로 근무하고 있습니다. 신입사원일 때는 부장님이 한없이 높아 보였는데 제가 이 자리까지 올라오고 보니 그분도 20년을 악착같이 버텨낸 월급쟁이일 뿐입니다. 실무를 하며 살얼음판 위를 걷는 마지막 월급쟁이인 셈이죠.

예전에는 부장쯤 되면 조금은 마음을 놓고 안정과 여유를 즐기지 않을까 했는데 그렇지도 않습니다. 저 역시 동기들을 넘어서 이 자리까지 올라왔고, 더 힘겨운 싸움을 벌여야만 임원을 바라볼 수 있는 상황입니다. 그러다 보니 예전보다 새로운 이슈나 사안 등에 더 민감해지더군요.

요즘은 '창조'라는 말이 중요한 화두인 듯합니다. '창조경제'라는 말이 유행처럼 번져가더니 회사에서도 창조경영, 창조교육, 창조적인 아이디어 같은 말이 자주 나오더라고요. 저희 회사 임원들도 앵무새처럼 창조를 강조하지만 막상 창조경제나 창조경영에 관한 이렇다 할 지침은 없습니다.

얼마 전 상무님이 제게 "창조경영이 뭐라고 생각하십니까?"라고 묻는데 대답이 떠오르지 않아 한참을 쩔쩔맸습니다. 어렴풋이 떠오르는 게 있긴 한데 뭐라고 설명할 수 없었던 거죠. 거칠게 말해서 창조가 새로운 것이라고 친다면 실패가 용인되지 않는 환경에서 창조가 가능할까 싶기도 합니다.

교수님이 생각하는 창조경영은 무엇인지 궁금합니다. 그리고 부장에서 임원으로 승진하는 경우가 10퍼센트가 채 되지 않는 현실에서 제가 무엇을 어떻게 창조적으로 해나가야 할지도 조언을 부탁드립니다.

_남성, 48세, 콘텐츠 개발 회사 근무

Answer 🎙

상식을 거치지만 남들에게는
꿈으로만 그치는 것

말씀하신 대로 언젠가부터 창조라는 말이 만연하고 있습니다. 심지어 어떤 강사 분은 창조라는 단어를 넣지 않으면 강연 의뢰가 들어오지 않는다고 하더군요. 사실 창조는 인간의 언어라고 할 수 없습니다. 신앙인들에게 창조란 사람의 몫이 아니라 신의 영역입니다. 그럼에도 불구하고 창조가 우리 사회의 주요 화두가 된 이상, 이것을 종교적인 문제로만 한정할 수 없겠지요. 제가 생각하는 창조경영의 세 가지 전략을 말씀드리면서, 이 단어의 개념을 함께 짚어보겠습니다.

첫째, 현재 상태를 점검해야 합니다. 현재 상태가 안정적이고 풍요롭다면 창조는 필요하지 않습니다. 창조가 필요한 때는 카오스의 상태, 즉 혼란스럽고 캄캄한 상황입니다. 창조가 배제되어 있기 때문에 창조가 절실해지는 것이지요.《구약성서》〈창세기〉편 1장에는 '땅이 혼돈하고 공허하며 흑암이 깊음'이라는 말이 나옵니다. 태초의 세상은 아무것도 구분되지 않았기 때문에 창조가 필요했습니다.

하지만 익숙해지면 카오스는 카오스가 아닙니다. 얼마 전에 7년을 쓰레기더미 속에서 살았던 4남매를 뉴스로 접하고 경악했습니다. 이들의 부모는 "너무 바빠서 집안을 신경 쓸 틈이 없었다"라며 그동안 익숙해져서 치우지 않고 지냈답니다. 이처럼 나를 둘러싼 환경과 상황이 혼돈이라 해도 거기에 적응해버리면 나는 아무것도 알아챌 수 없어요. 낯선 시선으로 나의 상태를 점검하고 파악하는 것이 우선입니다.

둘째, 비상식적인 목표를 가져야 합니다. 상식은 보편화되고 일반화된 것이기 때문에 거기에선 새로운 것이 나오지 않습니다. 예를 들어 제품을 개발할 때, 창조적인 성과를 만들어내는 건 기술력이 아닙니다. 바로 상상력이지요. 애플의 스티브 잡스는 엔지니어도, 디자이너도 아니었습니다. 다만 그는 생각과 사고가 남다른 사람이었습니다. 마이크로

소프트의 빌 게이츠 또한 단순한 엔지니어나 프로그래머가 아니었지요.

애초에 우리의 머릿속은 카오스 상태일 수밖에 없습니다. 창조적인 성공 사례 중 하나가 융합이라고 했을 때, 융합은 단순히 이것과 저것을 섞는다고 되는 것이 아니라 카오스의 과정을 거침으로써 이루어집니다. A라는 기술과 B라는 기술이 융합되어 새로운 기술이 탄생하려면 A라는 기술이 먼저 산산조각 나야 합니다. 그 안에 있는 모든 원리와 노하우가 분해되어야 B와 섞일 수 있고, 예전과 다른 기술로 거듭날 수 있는 것입니다.

세 번째, 상식적인 과정이 필요합니다. 목표는 비상식적이되 과정은 상식적이어야 해요. 우리가 실행할 수 있는 과정은 상식적인 범위 안에 존재합니다. 쉬운 예로 우리가 한 달에 체중을 3킬로그램 줄이기로 했다면 그건 상식적인 목표입니다. 하지만 한 달에 30킬로그램을 줄이는 것은 비상식적인 목표입니다. 그럼 이 비상식적인 목표를 달성하는 과정은 어떨까요? 식사량을 절제하고, 인스턴트음식을 끊고, 단백질 위주의 식단을 짜고, 근력운동과 유산소운동의 강도를 높이고……. 이렇게 상식적인 과정을 밟아나갈 수밖에 없습니다.

목표가 비상식적이라고 해서 과정도 비상식적이면 어떻게 될까요? 무턱대고 굶고, 위장 축소 수술이나 지방 흡입 수술을 받고, 그러다 보면 거식증 같은 식이장애에 걸리거나 심하게는 죽음에 이를 수도 있겠지요. 상식적인 실행이란 우리가 행동으로 옮기기 쉽다는 뜻이기도 합니다. 상식적인 과정이란 해야 할 일과 하지 말아야 할 일을 엄격하게 구분하는 것입니다.

자, 그럼 처음으로 돌아가서 우리의 현재 상태를 점검해볼게요. 지금 충분히 행복한가요? 그렇다면 열정도 창조도 필요 없습니다. 우리에게 창조가 필요한 이유는 결과적으로 행복해지기 위해서니까요. 더 이상 행복해질 필요가 없을 만큼 행복하다면 그 상태를 지속하는 노력만 하면 됩니다.

하지만 한번쯤 생각해보세요. 지금 느끼는 '충분한 행복'이 익숙한 상태에 적응해버렸기 때문은 아닌지 말이에요. 만약 취업하지 않았는데 충분히 행복하다면 그는 취업할 확률이 제로에 가깝습니다. 현재 상태에 익숙해지면 제자리에서 움직이려 하지 않으니까요. 영어회화를 잘하고 싶은데 안 되나요? 세계일주를 하고 싶은데 이루어지지 않나요? 그렇다면 상식적인 과정을 기피하고 있지 않은지 되돌아봐야 합니다.

창조적인 비전의 가치는 현재의 혼돈, 공허, 어둠 속에서 나옵니다. 창조적인 비전을 만들어내는 과정은 단순하고 촌스럽고 미천할 수밖에 없습니다. 그래도 저는 창조적인 삶을 위한 상식적인 과정이 아주 멋지다고 생각합니다. 상식적인 과정을 거쳐 결국 우리가 도달하는 곳은, 다른 사람에게는 꿈으로만 그친, 비상식적인 목표니까요.

02

지금 당신도
창조적으로 계획하는가

창조적인 삶과 계획적인 삶이
조화를 이룰 수 있다면

직장생활도 5년차쯤 되고 보니 예전처럼 실수나 서투름으로 일을 망치는 경우는 거의 없는 것 같습니다. 하지만 능숙해지고 안정될수록 매너리즘에 빠질까봐 계획적인 삶을 꾸려보자고 결심했습니다.

나름대로 일과를 시간대별로 분류하고, 퇴근 후에도 제 시간을 가지려고 노력합니다. 월, 수, 금요일에는 외국어 학원을 다니고 화, 목요일과 주말은 수영과 헬스를 하면서 매일을 알차게 보내려고 하고요. 틈틈이 독서는 하는데, 비정기적인 강연은 다른 계획을 어그러뜨리니까 가지 않아요.

그런데 이렇게 틀을 짜놓고 살다 보니 그 틀 안에 갇혀 있는 느낌이 들기도 합니다. 저는 약간 고지식한 편이라 계획을 세우지 않았다면 모를까, 스스로와 약속한 것은 반드시 지켜야 한다는 강박관념 같은 게 있거든요. 예를 들면 퇴근 후에 학원과 강습을 가야 한다는 결심 때문에 중요한 자리를 고사해서 불이익을 당하는 식이에요. 계획한 것에만 얽매이다 보니 '나는 여기에만 해당되는 사람이야' 하면서 스스로 한정지어버릴 때가 있는 것 같아요.

얼마 전 동료와 이런 이야기를 나누었는데, 동료는 우려하는 듯한 말을 하더군요. 제가 종사하는 분야가 문화예술 쪽이라 저희 업계 사람들은 창의력이나 틀에 얽매이지 않는 사고방식을 매우 중요하게 여기거든요. 그런 면에서 동료는 '나는 어떻게 될지 모르는 사람이야'라는 식으로 무한한 가능성을 열어둬야 한다는 취지로 말했고요. 저도 동료의 말이 틀린 건 아니라고 생각합니다.

제가 궁금한 것은 계획적인 삶과 창조적인 삶이 거의 반대에 가깝다고 한다면, 둘 다를 취할 수 없을까 하는 것입니다. 제가 욕심이 너무 많은 건지도 모르겠지만 저는 양쪽 모두 중요하다고 생각해요. 계획적으로 살면서 창조적인 사람이 되겠다는 것은 모순일까요?

_여성, 30세, 문화예술 기획

시간의 여백을 만들되
'시간도둑'을 조심하세요

'계획적인 삶과 창조적인 삶을 다 가질 수 없을까?'라는 문제가 고민이군요. 그러면서 '매너리즘에 빠지지 않으려는, 스스로를 다잡기 위한 계획'이 창조적인 삶에 방해가 되는 것은 아닌가 하는 생각도 갖고 있고요.

우선 창조적인 것과 계획적인 것이 무엇인지 생각해보기로 해요.

빌 게이츠는 1년에 두 번, '생각주간(think week)'을 가진다고 합니다. 미국 서북부에 있는 외딴 별장에서 일주일 동안 칩거하면서 휴식과 함께 무한한 상상을 하는 시간이에요. 자, 빌 게이츠의 이런 생활은 창조적인 삶에 속할까요, 계획적인 삶에 속할까요? 세상에서 가장 바쁜 사람 중 하나인 그가 1년에 일주일씩, 두 차례의 시간을 내는 것이 쉽지는 않을 거예요. 생각주간은 휴식과 상상하는 시간이니 창조적인 삶인 것 같지만, 그 시간도 그의 계획 중 하나가 아닐까요.

또 다른 예로 책을 쓰기로 했다면 그건 창조적인 작업일까요, 계획적인 작업일까요? 저자의 입장에서 책은 창조적인 생각을 계획적인 틀에 넣은 결과물입니다. 가령 저자가 가진 창의력을 글로 옮긴 것이 100페이지 분량인데 책은 50페이지의 형태로 나와야 한다면, 저자는 계획적으로 삭제하고 간추려 50페이지를 만들어야 합니다. 자신의 창의성을 계획적으로 담아내지 않으면 책이라는 형태로 독자에게 전달할 수 없으니까요.

이처럼 어떤 생활, 어떤 작업을 이분법으로 나누기는 어렵습니다. 창조적인 삶이 자유분방한 삶을 의미하는 건 아닙니다. 또 계획적인 삶이 틀에 박힌 삶을 의미하는 것도 아니지요. 계획적인 삶과 창조적인 삶을 둘 다 취하고 싶다고 했는데, 맞습니다. 두 삶이 하나로 융화되어야 목표를 이룰 수 있어요. 직관과 창조도 좋지만 계획과 규칙이 없으면 흐지부지되고 말 테니까요.

벽돌을 하나만 떼어놓고 보면 규격화된 크기와 형태가 있습니다. 계획적인 거죠. 하지만 획일화된 벽돌을 한 장 한 장 쌓다 보면 창조적인 건축물을 만들어낼 수 있습니다. 우리가 계획을 짜는 데도 이런 조화가 필요합니다. 창조와 계획을 따로 떼어놓는 게 아니라 '창조적인 계획'이란 말로 묶어서 생각해야 합니다.

그럼 창조적인 계획을 세 가지로 압축해보겠습니다.

첫째, 시간의 여백을 만드는 것입니다. 시간을 벌어야 시간을 지배할 수 있습니다. 하루는 24시간으로 모든 이들에게 똑같지만 모든 사람이 같은 시간을 쓰는 건 아니에요. 시간이 비는 것을 견디지 못하는 사람들이 있지요. 자꾸 약속을 잡아서 시간을 써버리려는 사람들 말이에요. 그런 사람들은 시간의 여백을 즐기지 못하는 것입니다.

남들보다 1, 2시간 일찍 출근하거나 점심시간에 10분이나 20분 정도 빈 사무실에 앉아 생각을 정리해보세요. 사람들이 시간을 남겨 놓지 않는 이유는 그 여백이 불안하기 때문입니다. 하지만 여백의 시간을 즐길 수 있을 때 창조적인 계획에 에너지와 시간을 쏟을 수 있습니다.

둘째, 효율성만 강조하다 보면 비효과적인 결과를 얻을 수 있습니다. 질문에서처럼 어떤 일이 있어도 학원과 강습에 빠지지 않는 것도 여기에 해당될지 모릅니다. 좀 더 융화적인 시선으로 바라보세요. 만약 오늘 저녁에 내게 도움이 될 만한 사람을 만날 자리가 있다면 학원을 포기하고 그 자리에 나가는 게 나을 수 있습니다. 비싼 비용을 지불한 학원에 결석한 만큼 보상심리 때문에라도 다른 자리에서 얻을 수 있는 것에 집중하겠죠.

또 창조적인 성과를 만들어내려면 인풋이 중요합니다. 책을 읽고 강연을 듣는 것이 인풋에 해당되죠. 계획을 어그러뜨릴까봐 강연을 피하지 말고, 엄선해서 참석한 뒤 빠른 시간 안에 강연 내용을 기록으로 남겨보세요. 인풋이 없으면 창조도 없습니다.

셋째, '시간도둑'을 조심하세요. 시간을 도둑맞는다는 것은 다른 사람의 시간에 내가 얽매이는 것을 의미합니다. 누군가가 만나자고 하면 기분이 좋지요? 저도 그렇습니다. 하지만 남에게 이끌려 모든 약속에 임하다 보면 시간만 쓰고 정작 내 시간은 사라집니다.

시간도둑들은 틈만 나면 생일이다, 모임이다, 집들이다, 밥 먹자, 술 마시자, 게임하자며 나를 불러냅니다. 그런 자리에 열심히 쫓아다니다가 문득 다이어리를 보면 내 시간은 쓰지 않고 타인의 시간만 썼다는 사실에 허무해집니다. 결국 내가 창조적인 성과를 만들어낼 만한 시간과 공간과 에너지는 모자라겠지요.

질문하신 분을 비롯해 모든 직장인들은 어느 정도 계획적으로 삽니다. 오전 8시에 집을 나서 오후 12시에 점심식사를 하고 7시에 집에 오는 식으로요. 그런데 오전 8시가 아니라 7시에 출근하면 어떨까요? 이 것은 일반적이지 않은 일과지만 창조적인 시간을 얻을 수 있는 계획입 니다.

창조적인 결과는 창조적인 시간, 창조적인 방법, 창조적인 과정이라 는 '계획' 아래 나옵니다. 문득 창의적인 상상이 머리에 스칠 때가 있지 요? 하지만 계획이 없으면 창의적인 상상은 망상으로 끝내고 맙니다. '계획'이라는 그릇에 '창조'라는 음식을 잘 담아내길 바랍니다.

03

짧고 논리적인 화법으로
시간을 극복하라

Question

사람들 앞에 나서서
말하기가 두려운 나

사회생활을 하면서 제가 느낀 것 중 하나가 스피치 능력이 곧 경쟁력이라는 것입니다. 직장을 다니다 보니 사람들 앞에서 말을 해야 할 일이 꽤 많더군요. 사소하게는 술자리에서 건배사를 하는 상황부터 거의 매일 진행되는 업무 보고와 프레젠테이션까지, 말하는 능력이 내 평가를 좌우한다는 생각이 들 정도입니다.

실제로 업무능력이 아주 뛰어나지는 않은데 자신의 성과를 말로 잘 포장하는 사람도 있고, 반대로 괜찮은 결과물을 갖고 있으면서도 자기가 한 일을 말로 잘 표현하지 못하는 사람도 있어요. 말만 번지르르하게 하는 사람이 되고 싶다는 뜻은 아니지만, 제가 능력에 비해 말을 잘 못해서 과소평가 받는다는 느낌이 들 때가 간혹 있습니다.

지금은 그렇지 않지만 어릴 때 저는 말을 더듬었습니다. 짓궂은 친구들에게 놀림도 많이 받았죠. 어린 마음에 그런 일들이 상처가 되어 예전에는 말더듬이라는 것을 들키지 않으려고 하고 싶은 말을 참거나, 아니면 작은 목소리로 웅얼거리듯 말하곤 했습니다.

하지만 성인이 되고 사회생활을 하면서부터 말을 더듬는 버릇은 거의 없어졌습니다. 개인적으로 스피치학원을 다니고 말더듬 교정을 받은 것도 도움이 되었던 것 같아요. 하지만 저는 여전히 말하는 일이 두렵습니다. 언제 또 말을 더듬을지 모른다는 막연한 불안도 있고, 특히 시간제한이 있는 스피치는 마음이 급해져 준비한 내용을 충실히 어필하지 못합니다. 실제로 말을 더듬는 게 아닌데도 콤플렉스 때문에 요령 있게 스피치를 하지 못하는 거죠.

말 잘하는 사람들을 보면 그렇게 부러울 수가 없습니다. 강사들이 연단에 서서 1, 2시간 혼자 말하는 것도 감탄스럽고, 텔레비전 토크쇼에서 연예인들이 자기 이야기를 줄줄 하는 것도 신기합니다. 그 정도까지는 아니라도 업무와 연관해 제가 준비한 내용 정도는 멋지게 말할 수 있으면 좋겠다는 생각이 간절합니다. 회사에서 프레젠테이션이나 업무 보고를 할 때 멘붕에 빠지지 않고 말할 수 있는 정도면 됩니다. 좋은 방법, 있을까요?

_남성, 36세, 관리직

실수해도 괜찮습니다
말을 더듬어도 괜찮습니다

사회생활을 하다 보니 남들 앞에서 말할 상황이 의외로 많지요? 말하는 데 콤플렉스가 있었다면 초반에는 그런 상황들이 매우 곤혹스럽고 힘들 것 같습니다. 하지만 스스로의 약점을 극복하려고 애쓴 덕분에 이제는 '말을 더듬는 버릇은 거의 없어졌고' 더 요령 있게 말을 잘하기 위해 노력하는 과정이고요.

스피치를 잘하는 방법은 여러 가지가 있겠지만, 여기에서는 짧은 스피치를 잘하는 네 가지 방법을 말씀드리겠습니다. 질문을 보니 시간제한이 있는 스피치에 특히 어려움을 느낀다고 했는데, 일반적인 직장인이라면 짧은 스피치를 할 일이 더 많습니다. 또한 주어진 시간 안에 핵심을 명확하게 전달해야 하는 짧은 스피치는 긴 스피치보다 의외로 어렵기도 합니다.

첫째, 단도직입적으로 말하세요. 혼자 1, 2시간을 이끌어가야 하는 강연 형태의 스피치도 있지만 조직에서는 그 자리에서 피드백을 얻으려는 스피치가 더 많습니다. 그럴 때는 서론을 생략하는 게 효과적입니다. 본론에 들어가기 전 자기소개를 해야 한다면 짧게 한 문장으로 하세요. 시간도 많지 않은데 자기소개나 서론을 장황하게 늘어놓으면 말하는 사람도 시간 배분에 실패하고, 듣는 사람도 답답해집니다.

예를 들어 3분 스피치라면 자기소개에 공을 들이거나 변죽을 울릴 이유가 없습니다. 그보다는 마이크를 잡고 이름을 말하자마자 열정적인 태도로 주제부터 말하는 게 나아요. 그럼 열정적으로 말한다는 것은 어떤 의미일까요? 목소리가 크고 자신감이 넘치면 열정적인 걸까요? 아닙니다. 차분하고 낮은 목소리로 말해도 괜찮습니다. 진짜 열정은 주어진 시간 안에 내가 준비한 이야기를 다 할 수 있다는 확신에서 나옵니다. 본론부터 말하면 건방져 보이지 않을까 걱정하지 마세요. 스피치를 할 때 지나친 겸손은 방해가 될 뿐입니다.

둘째, 개념 있는 질문을 던지세요. 좋은 질문은 단시간에 사람들의 이목을 집중시키고, 공감대를 형성하는 효과까지 있습니다. 예를 들어 스피치의 주제를 평서문이 아닌 의문문으로 만들어보는 거예요. '새로운 마케팅을 통한 영업전략'이 주제라면 두 가지 질문이 가능합니다.

'왜 우리는 새로운 마케팅으로 영업전략을 세워야 할까?'

'어떻게 우리는 새로운 마케팅으로 영업전략을 세울 수 있을까?'

'왜'와 '어떻게'로 사람들에게 호기심을 불러일으키면서 우리 모두가 이 문제의식을 공유하고 있다는 공감대를 갖고 시작하는 거죠. 반대로 질문이 없으면 사람들은 자기가 왜 이 이야기를 듣고 있는지 파악하는 데 시간이 걸립니다. 당연히 공감대를 형성하는 것도 실패하고요. 질문은 단시간에 집중하고 공감하게 만들어주기 때문에 짧은 스피치에 효과적입니다.

여기에 팁 하나를 덧붙이자면, 질문을 던진 후 '할 수 있는 세 가지 방법'처럼 숫자를 제시해보세요. '스피치를 잘하는 세 가지 방법', '사람들과 소통하는 세 가지 방법' 이런 식으로요. 그러면 청중은 '아, 세 가지만 알면 되겠구나'라고 생각하면서 마음의 준비를 합니다. 듣는 입장에서는 지루하지도 않고 이야기의 흐름을 따라가기도 쉬워져요. 게다가 세 가지 방법, 혹은 네 가지 방법이라고 말하는 순간 사람들은 심리적으로 메모하고 싶어합니다. 그럴 때는 필기를 하게 놔두세요. 스피치가 아주 잘 먹히고 있는 중이니까요.

셋째, 논리적으로 말하세요. 논법에는 여러 종류가 있지만, 그보다 더 중요한 것은 논리를 구성하는 화자의 태도, 즉 자신감과 확신입니다. 청중은 거기에서 열정과 신뢰를 느낍니다. 실수해도 괜찮다고, 말을 조금 더듬어도 상관없다고 스스로를 다독여야 합니다. 그래야 열정이 생기지요. 잘하려고 하니까 하지 못하는 겁니다. 잘하려고만 하면 높은 기준에 압박감을 느껴 오히려 하지 못하는 거예요.

넷째, 청중의 관점에서 마무리하세요. 스피치가 끝나고 사람들이 박수를 칠 때 웃는 얼굴로 고마움의 마음을 전하는 게 좋습니다. 마지막 문장을 말하자마자 고개를 숙이고 주섬주섬 자료를 정리하거나 노트북을 끄는 행동, 도망치듯 자리를 떠나는 행동 등은 다 된 밥에 재를 뿌리는 격입니다. 그렇게 어수선한 분위기에서 마무리하면 말한 사람이나 들은 사람이나 허탈한 심정이 되고 말아요.

아울러 끝나는 시간을 미리 알려주는 것과 마치는 시간을 지키는 것은 기본 중의 기본입니다. 끝내겠다고 해놓고 사족을 덧붙이거나 자기가 아쉽다고 시간을 경과하는 것은 '마이크 폭력'이에요. 아무리 열정과 자신감이 넘쳐도 자제해야 할 행동입니다.

질문에서 지적했다시피 스피치 능력은 사회생활에 매우 중요합니다.

사람들 앞에서 이야기할 때 말을 잘하면 인상적인 사람으로 각인될 수 있지만, 그 반대의 경우 나쁜 기억을 남기거나 아예 기억에서 지워지기도 하죠. 따라서 어떤 사실을 언어로 표현하는 능력은 우리가 조직의 핵심 인재로 성장해나가는 데 날개가 되기도 하고 걸림돌이 되기도 합니다. 말씀드린 방법을 잘 활용해서 핵심 인재로 성장하는 날개를 다질 수 있기를 바랍니다.

04

바꿀 것보다
먼저 바꾸지 않을 것을

Question

혁신을 실행하는 방법,
있다면 알려주세요

중소 가구업체 2세로 현재 경영수업을 받고 있습니다. 최고경영자를 위한 과정에 참석해보니 저를 비롯해서 연령대가 많이 낮아졌더라고요. 회사를 물려받아 경영에 나설 2세들과 모임도 하고 고민도 나누지만, 사실 서로의 고민을 해결한다기보다는 공유하며 연대감을 느끼는 정도입니다. 물론 공부만큼이나 네트워크도 중요하겠지만요.

얼마 전, 수업 시간에 진행자가 "기업은 무엇 때문에 투자하는 걸까요?"라는 질문을 던진 적이 있는데, 대부분의 임원들이 '혁신을 위해서'라고 답변한 적이 있습니다. 사실 저도 많이 생각하는 문제입니다.

요즘 가구업계는 총체적으로 난관에 처해 있습니다. 주택시장의 침체가 수요의 축소로 이어진 탓도 있지만, 세계 최대 가구 회사인 이케아의 국내 진출도 위기감을 키우고 있습니다. 대규모 가구업체들은 발 빠르게 방안을 마련해서 매출을 유지하는 실정이지만, 저희 같은 중소 업체들은 그야말로 혁신하지 않으면 경쟁력이 없는 듯합니다. 저 같은 경우 회사는 물론 개인 차원의 노력도 요구받고 있어요.

회의를 할 때면 베테랑 임원들부터 참신하고 새로운 시각을 가진 젊은 사원들까지 많은 아이디어를 쏟아냅니다. 그때마다 '혁신적인 전략'이라는 말이 등장하고요. 하지만 혁신을 실행한 방법이 무엇인지는 여전히 판단하기가 어렵습니다.

_남성, 38세, 가구 회사 임원

혁신을 여는 열쇠는
생각보다 아주 작습니다

업종을 불문하고 많은 경영자들이 '혁신을 어떻게 실행할 것이냐' 하는 문제로 고민하고 있습니다. 경영자뿐 아니라 기업에서 중추적인 역할을 요구받는 사람이나 주요 인재로 성장해나가는 과정에 있는 사람들 모두에게 중요한 문제이기도 하고요.

기업에서 '혁신적인 전략'이라는 말을 자주 쓰는데, 사실 그 자체는 어려운 게 아닙니다. 우리가 물어야 할 것은 혁신적인 전략을 '어떻게 실행하느냐' 하는 것이지요. 개인적으로 보면 금연이나 금주도 혁신에 해당합니다. 조직에서는 영업 성과를 올리려고 고객과의 관계를 변화시키거나 새로운 마케팅을 시도하는 것도 혁신일 거고요. 하지만 개인의 문제거나 조직의 문제라도 전략은 계획하는 것보다 실행하는 것이 훨씬 어렵습니다. 그래서 혁신적인 전략을 '어떻게 수립하느냐'가 아니라 '어떻게 실행하느냐'에 포커스를 맞춰 세 가지 방법을 나눠볼게요.

첫째, 현실인식입니다. 제가 창업스쿨에 참여하는 분들을 보면서 종종 느끼는 게 있습니다. 바로 현실성이 없다는 거예요. 코앞에 닥친 문제는 해결하지 않고 멀리 솟아 있는 산만 바라보는 경우입니다. 하지만 급박성이 없으면 혁신도 없습니다.

현실을 인식하면 위기의식과 함께 생존의 과제가 생깁니다. 바로 이 과제를 리스트업하세요. 이때 '무엇을 바꿀 것인가'도 중요하지만 '무엇을 바꾸지 않을 것인가'가 더 중요합니다.

"마누라와 자식 빼고 다 바꿔라."

삼성그룹의 이건희 회장이 1980년대에 내걸었던 유명한 슬로건입니다. 이것은 변화의 중요성을 강조하는 말이지만, 바꿔서는 안 되는 것은 그대로 두어야 한다는 점을 시사하는 대목이기도 합니다.

바꿔야 할 것과 바꾸지 말아야 할 것을 100번까지 리스트업하는 것을 자신의 최우선 과제로 삼아보세요. 이것은 갑자기 뭔가를 만들어내는 작업이 아니라, 우리 안에서 버려야 할 것과 유지해야 할 것을 추려보는 과정입니다. 이 과정을 거치면 매출뿐 아니라 내부의 위기도 보일 겁니다. 혁신을 실행하는 첫 번째 방법은 당면해 있는 문제를 수면 위로 드러내는 것, 즉 현실인식입니다.

둘째, 작은 성공입니다. 작게 시작하는 것이 중요합니다. 생존의 과제에서 우선순위에 있는 것들은 즉시, 단기간에 해결해야 하는 일들입니다. 하지만 그런 것들이 근본적인 문제를 해결하지는 못할 거라는 생각이 우리는 불안하게 만들고 결과적으로 실행을 더디게 합니다.

하지만 우선 실행해야 합니다. 실행하기 전에는 알 수 없고, 실행한 후에야 알 수 있기 때문에 일단 해야 합니다. 여기에서 나온 것이 '60퍼센트 법칙'입니다. 60퍼센트의 작은 도전, 60퍼센트의 작은 성공을 먼저 하는 거예요. 불확실한 시대에 완벽한 답이나 매뉴얼만 실행하려고 하면 결국 아무것도 실행하지 못합니다. 그래서 60퍼센트 법칙이 필요해요. 한편으로는 가고, 한편으로는 보고, 한편으로는 해결하면서 동시다발로 이루어야 하니까요.

하지만 작은 성공보다 작은 실패가 더 중요합니다. 사람들은 실패를 두려워하지만, 혁신의 기본과제는 실패입니다. 큰 실패를 겪으면 재기가 어렵지만 작은 실패는 우리 안에 내성을 쌓아줍니다. 그리고 작은 실패에 맷집이 생기면 큰 실패를 대비할 수 있습니다. 또는 큰 실패를 두려워하지 않고 혁신을 시도할 수 있어요.

'지금 우리에게 중요한 게 뭐지?'

'급박한 게 뭐야?'

만약 여기에 명확한 구분이 없다면 우리가 할 수 있는 것부터 먼저 시작해야 합니다. 장기적인 혁신은 백전백패입니다. 우리가 해야 할 혁신은 단기적인 과제입니다. 일단 움직이세요.

'지금 당장 할 수 있는 일이 뭐지?'

'안 하는 것보다 나은 일은 뭘까?'

움직여 찾아낸 다음 발등의 불부터 끄는 거예요. 작은 것에 집중하는 것은 복잡한 현실을 보다 스마트하게 해결해줍니다.

셋째, 나부터 혁신하세요. 혁신은 누군가에게 강요해서 이루어지지 않습니다. 직원들과 일대일 면담을 나눈다거나, 일대일로 파트너와 출장을 가거나, 사장님이 여태 한 번도 하지 않았던 행동을 하면 어떤 일이 벌어질까요? 이사님, 상무님, 전무님 모두 사장님을 따라옵니다. 그리고 그 변화는 일반 사원들에게까지 확장됩니다. 우리는 그것을 리더십이라고 부릅니다. 사장님 자신의 혁신이 동기유발이라는 파급효과를 가져오는 것입니다.

현실인식, 작은 성공, 자기혁신. 이 세 가지는 혁신의 발판입니다. 그리고 혁신을 실행하는 기본 태도는 작은 것에 집중하는 것부터 시작합니다. 우리는 문을 열 때 커다란 문짝 전체를 잡지 않고 자그마한 손잡이를 잡습니다. 하지만 손잡이를 잡았어도 문이 잠겨 있다면 어떨까요? 열쇠가 필요하지요. 열쇠는 손잡이보다 중요하지만 손잡이보다 작습니다. 작은 것을 중요하게 여기세요. 복잡한 현실을 푸는 열쇠는 생각보다 훨씬 작습니다.

05

독서와 강연으로
배움과 행동의 균형을

Question

강연과 독서로
인생을 바꿀 수 있을까요?

로스쿨을 졸업한 뒤 중소기업에서 사내 변호사로 일하고 있습니다. 전통적인 변호사 시장에 들어갈 수도 있었지만 변호사가 2만 명이 넘는 시대에 일반 변호사로 경쟁하는 것보다 사내 변호사로 일하면서 훗날 경영에 참여하는 것을 목표로 잡았습니다. 그래서 도전하는 심정으로 법조계가 아닌 다른 분야를 선택했어요.

지금까지는 제 선택에 만족하지만, 단순히 제게 주어진 일을 잘해내는 것보다 미래에 더 큰 지도를 그려야 한다는 생각이 있습니다. 궁극적으로 경영을 하는 게 목적이기 때문에 리더십을 비롯해 다양한 자질이 필요하다고 생각하고요. 그래서 바쁜 와중에도 독서를 하고 강연을 들으러 다니면서 제 자신을 성장시키기 위해 노력합니다.

책은 자기계발서와 인문서를 병행해서 읽습니다. 일부러 시간을 내서 읽기는 어려워, 항상 책을 지니고 다니면서 시간이 남는 틈틈이 읽는 편입니다. 그렇게 한 달에 7권이나 8권씩 읽은 게 1년이 훌쩍 넘었습니다. 강연이나 세미나도 많이 다니는 편인데, 비즈니스부터 문화까지 다양한 장르를 알기 위해 노력하고 있습니다.

제가 이런 이야기를 드리는 이유는 '이렇게 배우고 공부한 것들을 어떻게 활용해야 할까'라는 궁금증 때문입니다. 저는 어떤 일을 할 때 제 스스로를 논리적으로 설득할 수 없으면 금방 시들해져버리는 성격이거든요. 나름대로 열심히 책을 보고 강연을 듣지만, 자기만족이라는 이유 외에 '이것을 왜 해야 할까'에 답이 필요합니다. 물론 제가 알게 된 것들을 제 안에 차곡차곡 쌓아두는 것만으로도 역량이 될 수 있겠지만, 제 상황과의 접점을 찾아서 뭔가 실행할 수 있는 힘이 되면 좋겠습니다.

강연과 독서를 현실에 적용하는 방법으로 어떤 게 있을까요? 그리고 강연과 독서로 제 미래가, 인생이 바뀔까요?

_여성, 34세, 자산관리 회사 근무

강연과 독서는 수단일 뿐
목적은 아닙니다

일단 미래를 위해 현재를 투자하고 있는 모습에 박수를 보냅니다. 독서를 하고 강연을 듣는 것만 해도 굉장히 큰 실행을 하고 있는 거예요. 해보지 않은 사람들은 이 습관을 만드는 게 얼마나 어려운지도, 또 이 습관이 얼마나 중요한지도 알 수 없어요. 그렇게 보면 질문하신 분은 모든 실행의 1단계가 되는 습관을 잘 만들어 둔 셈입니다.

하지만 우리가 알아야 할 것은 강연과 독서는 수단일 뿐 그 자체로 목적이 아니라는 것입니다. 좋은 강연을 듣고 좋은 책을 읽는 목적은 우리 안에 변화를 일으키고 행동하게 만들기 위해서예요. 궁극적으로는 더 나은 사람이 되고, 더 나은 삶을 살기 위해서고요.

질문을 들여다보면 이미 제가 다른 사례에서 강조한 습관의 중요성을 실천하고 있고, 어떻게 다음 단계로 나아가야 할지 고민하는 시점입니다. '독서를 하고 강연을 듣는다고 인생이 바뀔까요?'라고 물었는데, 결론부터 말씀드리면, 당장은 아니라도 '인생이 바뀌는 시점'이 있습니다. 다만 그 결정적인 순간을 놓치지 않기 위해 무의식적인 상태에서도 내가 어떤 액션을 취할 수 있어야 하는 거죠.

좀 더 쉽게 말해서 우리는 어떤 기회를 '의식'할 수 있습니다. '이 프로젝트가 내게 기회가 되겠구나', '이 모임에 나가는 게 나의 기회구나' 하는 식으로 말이에요. 그런데 항상 의식적인 상태를 유지하기는 쉬운 일이 아닙니다. 내가 의식하지 못한 순간에 기회가 올 수도 있는데, 그것을 놓치면 안 되겠죠. 내가 의식하지 못한 순간조차 나를 돋보이게 하려면 평소에 훈련이 되어 있어야 가능합니다. 그 훈련이 독서와 강연 같은 배움이 됩니다. 성공은 의식이 아니라 무의식의 결정체이며, 무의식 상태에서 결정적인 행동을 잘하려면 평소에 의식화된 훈련이 동반되어야 합니다.

이를 바탕으로 독서와 강연을 현실에 적용하는 방법을 설명하면 세 가지로 정리됩니다.

첫째, 학습적인 성과입니다. 쉽게 말해서 노트를 만드는 거예요. 제가 진행하고 있는 팟캐스트 〈10분경영〉의 청취자들 중 청년 몇 명이 카톡방에 스터디룸을 만들었어요. 그 친구들은 한 번 듣고 끝내는 게 아니라 여러 번 반복해서 들은 다음 노트를 만듭니다. 이 친구들의 노트는 물리적인 공책은 아니고, 블로그에 포스팅하는 것입니다. 그곳에 〈10분경영〉의 내용을 요약하고, 자신의 삶에 어떻게 적용할지 카톡방에서 토론하며 스터디하죠.

예전에 제가 〈10분경영〉에서 '비즈니스를 잘하는 방법'을 말했는데, 한 학생이 제가 말한 내용을 응용해서 '취업을 준비하는 나의 지혜'라는 제목으로 포스팅했습니다. 적용을 잘 한 예라고 볼 수 있죠. 이와 같은 학습적인 성과는 노트를 만들었기에 가능한 일입니다. 요즘 사람들은 노트를 잘 사용하지 않는 것 같은데, 노트를 만들어보세요. 모든 학습적인 성과는 여기에서 시작됩니다.

둘째, 현실적인 성과입니다. 학습을 꾸준히 하되, 현재 자신의 역할과 본분을 잃어서는 안 됩니다. 일전에 제가 강연을 갔다가 1년에 책을 천 권 읽었다는 분을 만났습니다. 어떻게 그럴 수 있었느냐고 묻자 그분은 백수여서 가능했다고 대답했어요. 1년에 책을 천 권이나 읽은 건 물론 대단한 일입니다. 하지만 현실이 바로 서 있지 않은 상태에서 이상을 따라간다면 무슨 의미가 있을까요. 끊임없는 배움도 중요하지만 그 배움을 현실과 일치시키는 게 더 중요합니다.

지금 하고 있는 일에 충실하세요. 독서와 강연은 그 자체로 생산적인 일이지만 깊이 빠지면 이 역시 중독이 됩니다. 자신이 해야 할 일을 중단하고 책에만 빠져 산다면 이것은 수단이 목적으로 변질된 경우입니다. 만약 행동의 변화 없이 독서와 강연에만 빠져 지낸다면 매너리즘에 빠진 건 아닌지 자문해봐야 합니다. 우리의 학습은 현재 하는 일을 바람직한 결과로 끌어가는 데 필요한 도구입니다.

셋째, 끊임없이 적용하세요. 책과 강연에서 들었던 것을 시도하고 도전하는 거예요. 우리가 흔히 말하는 '지식경영'이란 무엇일까요? 개인의 지식과 노하우를 조직의 지식으로 공유함으로써 조직의 문제를 해결하는 경영 방식입니다. 마찬가지로 책의 저자, 강연의 화자가 준 통찰력과 아이디어를 내 문제를 해결하는 데 적용하세요. 적용하는 과정에서 스스로 변화할 수 있습니다.

저는 창업을 시작하는 분들에게 독서와 강연을 많이 권합니다. 읽지도 듣지도 않으면 실패하고 나서도 왜 실패했는지 알 수 없어요. 실패했더라도 자신이 그 원인을 분석할 능력이 있으면 다음의 성공을 기약할 수 있습니다.

배움 없이 행동하는 것만큼 무모한 건 없습니다. 배움만 있고 행동이 없다면 그 역시 아무 일도 일어나지 않기 때문에 허무합니다. 그러니 관건은 배움과 행동의 균형을 잘 유지하는 거예요. 질문하신 분은 이미 배움의 습관을 갖고 있으니, 학습 성과와 현실적인 성과를 잘 조화시키면서 자신의 상황에 적용하는 습관을 들이기 바랍니다.

지금까지 잘해왔고, 앞으로도 잘할 수 있습니다. 꿈을 이루는 날까지 파이팅입니다.

06

도와주고 싶다면
그의 욕구부터 파악하라

Question

팀장이자 엄마로서
어떻게 도와줘야 할까요?

저는 교육 콘텐츠를 개발하는 회사에서 일하고 있습니다. 제가 교육 관련 일을 한 건 남에게 도움을 주고 싶어서였어요.

저는 20대까지만 해도 저밖에 모르는 사람이었습니다. 제 일로 성취감을 얻기 원했고, 나라는 사람 자체로 인정받기 원했어요. 내가 즐거운 게 우선이었고, 다른 사람의 시선은 신경 쓰지 않았어요. 모든 것의 중심이 나였지요. 하지만 어떤 계기로 나눔의 가치를 깨달은 뒤 지금의 직업을 선택했어요.

나눔과 교육이 무슨 관계냐고 할 수도 있겠지만, 저는 교육도 일종의 나눔이라고 생각해요. 제가 가진 열정과 능력을 나눔으로써 누군가를 더 가치 있는 사람으로 만드는 거지요. 일뿐만 아니라 저는 인간관계에서도 같은 사명을 갖고 있어요. 남에게 영향력을 끼치고 싶다, 남에게 도움이 되고 싶다, 항상 이런 마음이 들거든요.

이야기가 조금 길어졌지만, 요즘 제가 가진 고민은 두 가지예요. 하나는 회사 문제인데, 팀원 한 명이 친한 후배예요. 제가 팀장으로 승진하면서 후배가 채용될 수 있도록 도움을 준 거죠. 그런데 생각과 달리 후배가 직장생활에 잘 적응하지 못하고, 업무능력도 많이 떨어지더라고요. 그러다 결국 사직을 권고 받았고요.

팀장으로서 저는 후배에게 해줄 것이 없습니다. 회사 차원에서 결정된 것이니까요. 하지만 일하는 내내 팀장으로 지시하는 것 외에 선배로서 도와준 것이 없다는 것, 그리고 지금도 마찬가지라는 게 마음 아픕니다.

또 하나는 가정 문제인데, 아이가 중학교에 진학하면서 진로 문제로 고민하고 있다는 것을 알게 되었어요. 제 직업도 그렇고, 저는 아이에게 충분히 도움을 줄 수 있다고 생각했어요. 하지만 아이는 제 도움을 완강히 거절할뿐더러 제가 도움이 되지 않는다고 말해요. 오히려 자기 진로를 결정하는 데 제가 방해가 된다고 하더군요. 제가 이래라저래라 하는 통에 스스로 생각할 수 없다면서요.

사춘기라서 예민한 거라고 넘어가도 되지만, 평소에 아이와 소통을 많이 하는 엄마라고 자부해왔기 때문에 아이의 말이 상처가 되었습니다. 저는 선한 의도로 사람들을 대하려고 하는데, 제 능력이 미치지 못하거나 진심이 받아들여지지 않을 때 매우 속상합니다. 특히 지금은 그 대상이 아이나 후배처럼 가까운 사람들이라서 더 심란하네요.

리더십을 '사람을 변화시키는 것'이라는데, 회사에서 제 위치나 개인적인 욕구를 생각했을 때, 그것이야말로 제가 가장 원하고 또 필요로 하는 능력이 아닌지 싶습니다. 선배로서, 또 엄마로서, 저는 어떻게 해야 할까요? 어떻게 해야 그들이 변화하는 데 도움을 줄 수 있고, 같이 성장할 수 있을까요?

_여성, 42세, 교육 회사 근무

역할이 구분되지 않을 때
삶도 힘들어집니다

말씀처럼 다른 사람들에게 선한 의도를 갖고 있다는 게 느껴집니다. 분명 좋은 마음으로 후배를 조직의 팀원으로 추천했고, 역시 좋은 마음으로 도움을 주려고 할 겁니다. 아이에게도 마찬가지고요. '타인에게 내가 어떻게 도움을 주어야 하는가?' 이것은 매우 귀한 고민입니다.

우리는 여러 가지 역할을 갖고 있습니다. 나이가 들수록, 인간관계가 넓어질수록 역할도 많아집니다. 우리는 누군가의 자녀인 동시에 부모이고, 부하직원인 동시에 상사입니다. 그밖에도 남편이거나 아내이거나, 선배이거나 후배이거나……. 최소한 역할이 5, 6개는 되지요. 이 중에서 나를 버겁게 하거나 그 당시에 이슈가 되는 역할도 있을 거고요. 문제는 이 역할이 뒤섞일 때입니다. 우리 삶을 힘들게 하는 일들 중 많은 것이 역할이 구분되지 않고, 관계가 정립되지 않을 때 생깁니다.

제가 군대에 있을 때 저를 힘들게 했던 문제도 그런 것이었습니다. 고참 하나가 제 친동생의 고교 동창이었거든요. 상황이 짐작되지 않나요. 이 친구는 좀 짓궂은 편이라 툭하면 제게 "야, 넌 내 친구 형인데 이것밖에 못하냐?" 하면서 면박을 주었습니다. 제가 동생의 친구에게 형 역할만 한다면 아무 문제도 없겠지만, 형인 동시에 후임이기 때문에 저는 혼란을 느끼고 힘들어 했습니다. 그리고 질문하신 분도 지금 회사에서는 팀장이자 선배로서, 가정에서는 교육자이자 부모로서 혼란을 겪고 있는 것이 아닌지 짐작해봅니다.

여기에 관해 세 가지를 말씀드릴게요.

하나는 상황입니다. 상황을 객관적으로 바라봐야 내 역할이 무엇인지 분명해집니다. 제가 운영하는 독서모임에서 종종 진로를 코칭할 일이 생깁니다. 이 상황에 제 역할은 멘토입니다. 돈을 받는 이해관계가 아니라 순수한 인간관계인 거지요. 상황 속에서 내 역할을 잘못 이해하면 생색을 내거나 무리한 것을 요구하고 맙니다. 반대로 역할을 제대로 이해하면 자신이 할 일도 인지할 수 있지요.

둘째는 관계입니다. 역할은 관계 속에서 존재합니다. 남편의 역할을 잘 하려면 아내와의 관계가 중요하고, 아버지의 역할을 잘 하려면 자녀와의 관계가 중요합니다. 그런데 모든 관계에는 필연적으로 갈등이 존재합니다. 개별적으로 인식하고 하나하나 풀어나가야 할 갈등을 하나의 커다란 덩어리로 이해할 때, 갈등은 심화되고 해결은 멀어집니다.

셋째는 균형입니다. 여기서 균형이란 공평함을 말하는 것이 아니라, 최선의 결과와 최선의 실행 사이에서 팽팽하게 긴장되어 있는 것을 말합니다. 선배로서 최선을 다하고 싶은데 팀장으로서 해줄 수 있는 게 없다면 선배로서의 역할에만 집중하세요. 후배가 더 좋은 직장으로 옮길 수 있도록 힘써주는 것, 소개시켜줄 곳이 있는지 알아보는 것, 그런 것들을 했다면 아쉬움 없이 역할을 다한 것입니다.

또 하나 말씀드리고 싶은 것은, 소중한 가치로 여기는 나눔입니다. 나눔이란 무엇일까요? 우리는 흔히 내가 가진 것을 남에게 주는 것이 나눔이라고 생각합니다. 하지만 내가 주고자 하는 것이 상대가 원하는 게 아니라면 어떨까요. '내가 남에게 주고 있다'라는 자기만족이 아니라 정말 상대를 위한 나눔이라면 우리는 뭔가를 주기 전에 상대의 욕구를 파악해야 합니다.

아이가 엄마의 도움을 '완강히 거절하면서', '진로를 결정하는 데 방해가 된다'라고 뾰족하게 말했을 때, 많이 서운했을 겁니다. 그런데 아이는 엄마와 대화하면서 진로를 결정하려는 게 아니었을지 모릅니다. 스스로 뭘 하고 싶은지 아직 잘 모를 수도 있고요.

그런데 "이건 어때? 그럼 저건?", "이렇게 하겠다면 내가 도와줄게", "이렇게 하면 돼", "저렇게 하면 좋아" 하는 식으로 도움을 주려고 했던 건 아닌지요? 만약 그랬다면 아이는 마음을 열고 자신의 상태를 공유하기가 힘들었으리라 생각합니다. 제가 무언가를 가르치러 갔을 때 사람들은 '배우고 싶어서 왔다'고 말하지만, 실제로 그들은 '내가 잘 모른다'는 것을 공감 받고 싶어서 오기도 합니다.

저는 나눔을 공감이라고 생각합니다. 어쩌면 아이는 자신이 혼란스러운 상태에 있다는 것을 엄마가 알아주기 바랐는지 모릅니다. 충고와 도움 대신 "그래, 힘들겠다" 하며 고개를 끄덕여주기 바랐을지 모릅니다. 그리고 이 공감의 과정으로 아이의 마음이 열렸다면 그때 가서 찬찬히 질문해보면 어떨까요.

"네 꿈은 뭐니? 뭘 할 때 즐겁니?"

이 과정까지 순탄했다면 더 깊이 질문해볼 수 있겠지요.

"왜 그게 꿈이 되었어? 왜 그걸 할 때 즐거워?"

그렇게 아이는 스스로 자신의 길을 찾아갈 겁니다. 아이가 찾은 꿈은 음악가일 수도 있고, 과학자일 수도 있겠지요. 하지만 그때도 우리는 아이가 겪어야 할 일을 해결해줄 수 없습니다. 단지 공감하고 이해함으로써 아주 작은 도움을 줄 수 있을 뿐이지요. 그렇게 천천히 가는 겁니다.

이제 거울을 보고 스스로가 누구인지 생각해보세요. 그리고 종이에 나의 역할과 그 역할에서 해야 할 일을 적어보세요. 그것이 관계의 갈등을 해결하고 남에게 도움을 줄 수 있는 시작점입니다. 그리고 다른 사람에게 도움을 주고자 할 때는 사람들이 저마다 마음속에 견고한 벽을 만들고 있다는 것을 기억하세요. 그 벽은 스스로 깨고 나오는 것도 어렵지만, 타인이 깨고 들어가기도 힘듭니다. 하지만 공감이 그것을 가능하게 합니다. 상대가 울음이라도 터뜨린다면 그게 바로 신뢰겠지요.

07

가치관, 헌신력,
질문력이 인재를 만든다

**누구나 인정하는 A급 인재가
되고 싶어요**

재작년에 15년의 직장생활을 마감한 뒤 현재 카페를 창업하려
고 준비하고 있습니다. 시간을 두고 여러 가지 사항을 검토했고요.

우선 준비 과정을 말씀드리자면, 바리스타 자격증은 세 종류
를 모두 취득했습니다. 한국평생능력개발원에서 주최하는 커피
조리사 자격증과 커피 바리스타 자격증, 한국커피협회에서 주관
하는 바리스타 자격증입니다. 이 중 한 가지만 있어도 관련 업체
에서 일하는 게 가능하지만 준비 기간이 길어지면서 셋 다 취득한
거죠.

처음에는 프랜차이즈를 알아봤지만 비용 면에서도 만만치가
않고 본사에서 제시하는 가동비의 비율도 신뢰가 가지 않더라고
요. 그래서 지금은 규모가 좀 있는 로컬 카페로 가닥을 잡았습니

다. 브랜드 인지도가 매출에 영향을 많이 미치는 업종이지만 거기에 따른 대안도 강구해놓았어요.

그런데 로컬 창업을 준비하다 보니 리스크에 따른 책임이 오롯이 제 몫이라는 게 부담스럽기도 합니다. 누구나 창업은 할 수 있다고 하지만 누구나 창업으로 성공하는 것도 아니니까요. 제 나이도 20, 30대가 아니다 보니 더 조심스럽기도 합니다. 그래서 요즘 고민하는 것이 창업 초기부터 저와 함께할 사람입니다. 동업 형태를 생각하는 건 아니고, 창업 초기부터 믿고 갈 인재가 필요해요.

자격증을 취득하고 이런저런 준비를 하는 과정에서 많은 사람들을 만나기는 했습니다. 개중에는 농담 반 진담 반으로 자신을 채용해달라는 이들도 많았어요. 창업에 많은 승패 요소가 있겠지만, 저는 인재를 잘 보유하느냐 아니냐가 관건이라는 생각이 있어서 사람을 고르는 데 더 신중해지는 것 같습니다.

누구나 그렇겠지만, 저도 창업에 앞서 제 일을 함께할 A급 인재를 구하고자 합니다. 하지만 과연 어떤 사람이 A급 인재인지는 아직 생각을 정리하지 못했습니다. A급 인재의 기준은 무엇인지 궁금합니다.

_여성, 42세, 창업 준비 중

인정받는 인재일수록
가치관을 중심으로 결정합니다

사람을 어떤 잣대로 A, B, C급으로 나누겠느냐 한다면 대답하기가 어려울 것 같습니다. 사람이 사람을 규정한다는 것 자체가 쉽지 않은 일이기도 하고요. 그럼에도 불구하고 이 고민에 도움이 되길 바라는 마음으로, 제가 생각하는 좋은 인재의 기준을 몇 가지 말씀드리겠습니다. 이것은 사람을 등용해야 하는 경영자뿐 아니라 반대로 취업을 준비 중이거나, 조직에서 핵심 인재로서의 역할을 요구받는 직장인들도 생각해볼 만한 이야기가 될 것 같습니다.

첫 번째 기준은 뚜렷한 가치관입니다. 흔히 기업에서 A급 인재라 일컫는 사람들에게는 몇 가지 공통점이 있는데, 그중 하나가 가치관 중심의 의사 결정을 내린다는 점입니다. 남의 눈치를 보지 않고 자신이 하기로 한 일, 지키기로 한 일을 열심히 실행해나가는 거죠.

단순한 조건인 것 같지만 실제로 이렇게 하는 사람보다는 주변의 목소리에 흔들리는 사람들이 더 많습니다. 또는 누군가 아주 훌륭한 가치관을 갖고 있고, 또 그 가치관을 중심으로 의사 결정을 할 권한이 있더라도 확신이 부족하면 남의 훈수에 흔들리기 마련입니다.

과거 우리나라 회사에서 에스키모에게 냉장고를 팔고, 맨발로 다니는 아프리카 사람들에게 신발을 팔았다는 일화, 한번쯤 들어보셨을 거예요. 그것을 기획하고 실행한 사람들은 수많은 반대와 우려에도 불구하고 다른 사람들의 이야기에 쉽게 넘어가지 않았기에 가능했을 것입니다. 이런 경우 가치관은 자존감으로 대체할 수 있을 것 같습니다. 자존감이 강한 사람은 조직에서 신뢰할 수밖에 없지요.

사람마다 이것만은 반드시 지키겠다고 결심한 기준이 있을 거예요. 하늘이 두 쪽 나도 움직이지 않을 어떤 것 말이에요. 그 기준을 지키게 하는 것은 이기심만으로 가능하지 않습니다. 내가 아무리 힘들어도 이 기준을 지킴으로써 다른 사람을 이롭게 할 수 있다는 생각이 중요합니다. 그렇게 보면 수준 높은 가치관이란 도덕성과 비슷한 뜻일지 모릅니다. 이처럼 가치관은 도덕성이나 자존감을 포함하는 개념이고, 이를 갖춘 사람이면 진정한 A급 인재겠지요.

반대로 상황에 맞춰 움직이는 사람, 외부의 문제점을 자신의 변명거리로 삼는 사람은 위험합니다. 조직은 결코 이런 사람을 원하지 않습니다. 인재를 구해야 하는 창업자뿐 아니라 직장인들도 스스로 이런 면이 있지 않은지 반성해볼 사안입니다.

둘째, 헌신력입니다. 헌신하려면 신체의 힘과 마음의 힘이 모두 따라주어야 합니다. 헌신적인 체력과 심력이라고 표현할 수도 있겠네요. 헌신하는 데 마음은 그렇다고 하더라도 체력이 왜 필요할까 생각할 수도 있습니다. 하지만 남에게 헌신하다 보면 자신이 약해지는 경우가 종종 있지요.

'얻는 것도 없이 내가 이렇게까지 할 필요가 있을까?'

'누가 알아주는 것도 아닌데 내가 너무 고달프게 일하는 건 아닐까?'

이렇게 생각할 수 있습니다. 이렇게 약해질 때는 마음뿐 아니라 신체도 받쳐줘야 합니다. 남이 하지 않을 때 내가 한다는 것, 내가 하기 싫을 때도 내가 한다는 것, 그것이 최고의 헌신이고 여기에는 몸과 마음이 모두 필요합니다.

물론 헌신에는 강한 심력도 있어야 합니다. 주변에 남을 위해 헌신하는 분이 있다면 살펴보세요. 그분들은 꼭 돈이 많은 사람들은 아닐 것입니다. 어려운 사람의 처지에 공감하는 것은 어려운 사람일 때가 많습니다. 돈이 헌신을 만드는 게 아니라 그분들이 가진 정신적인 가치가 헌신을 가능하게 하는 겁니다.

셋째, 질문력입니다. 어쩌면 질문력은 모든 조직에서 A급 인재의 조건은 아닐지도 모릅니다. 전통적인 조직이라면 부하직원이 질문하는 것을 불편해하겠지요. 또는 일이 많이 쌓여 있고 긴박하게 돌아가는 상황이라면 관리자는 부하직원이 '왜?'라고 묻는 대신 시키는 일만 빠릿빠릿하게 하기를 바랄 수도 있고요.

하지만 잘 나가는 기업, 개방적인 마인드를 가진 기업, 글로벌 기업에서는 '왜?'라고 질문하는 사람들이 오래 견딜 수 있습니다. 질문은 그 자체로 도전이면서 용기가 필요한 일입니다. 특히 우리나라의 교육은 질문을 잘 하는 사람보다 대답을 잘 하는 사람을 만드는 데 중점을 둡니다. 한국인 부모들은 자녀가 학교에 다녀오면 "오늘 뭐 배웠니?"라고 묻습니다. 그런데 유태인 부모들은 "오늘 뭘 물었니?"라고 묻는다고 합니다. 질문의 가치를 높이 사는 거죠.

상사가 "이거 만들어 와"라고 지시했을 때, "예"라고 대답한 뒤 시키는 일만 해오는 사람과 "이걸 왜 만들어야 하죠?"라고 질문하는 사람이 있다면 상사는 전자를 더 편하게 생각할 겁니다. 다루기가 쉬우니까요. 하지만 후자는 초반에는 다루기가 어려워도 결과적으로 편해집니다. 그 직원은 자기가 해야 할 일이 전체에서 어떤 역할을 담당하는지 정확하게 알게 되므로 효율적인 방식을 찾을 수 있고, 스스로 동기 부여를 할 수 있습니다.

그런데 제가 이렇게 말씀드리면 어떤 경영자 분들은 이런 생각을 가질 수도 있습니다. '그럼 직원이 묻기 전에 내가 먼저 그 일을 해야 할 이유를 말해주면 되겠구나' 하고요. 하지만 질문 없이 먼저 말하는 게 꼭 효과적이지는 않습니다. '135법칙' 때문입니다.

135법칙이란, 경영자가 말하는 것을 100퍼센트로 잡았을 때, 직원은 30퍼센트밖에 이해하지 못하고 결국 이해한 것들 중 5퍼센트만 실행하는 경우를 말합니다. 예를 들어 "이 철판을 잘라 오게"라고 지시했을 때 직원이 "왜요?"라고 물으면 "주전자를 만들려고 하는데 이 철판이 필요해"라고 대답할 수 있게 됩니다. 직원은 주전자라는 전체를 보고 자신의 역할을 알게 되겠죠.

그런데 처음부터 100을 말하느라 "주전자를 만들려고 하는데 이 철판은 그중에서 어떤 부분에 들어갈 거고……"라는 식으로 이야기하면 직원의 머릿속에는 '주전자'밖에 남지 않습니다. 정작 자기가 해야 할 일은 잘 모르는 거죠. 스스로 질문해서 이야기를 듣는 것과 질문 없이 이야기를 듣기만 하는 것에는 이처럼 큰 차이가 있습니다.

한 가지 덧붙이자면, 제가 헌신이나 질문이라는 단어 뒤에 '력'을 붙이는 이유는 그것이 어떤 힘이라기보다는 그 사람이 가진 '역량'의 크기

일 수 있기 때문입니다. 역량이라는 것은 학습되기도 하지만 선천적인 면이 많습니다. 헌신하려고 결심하고 고민하는 게 아니라 이미 헌신하는 태도를 지니고 있는 사람, 질문하려고 한참을 망설이는 게 아니라 도전정신과 호기심 때문에 질문하지 않고는 배기지 못하는 사람들이 있습니다. 타고난 성향이라고도 할 수 있죠. 이런 역량이 중요한 이유는 그 역량이 그 자체로 자신을 표현하는 능력이기 때문입니다. 그렇게 보면 좋은 인재란 표현을 잘하는 사람이라고 요약할 수도 있습니다.

중국의 춘추전국시대는 모든 것이 어지러운 혼란의 시기였습니다. 이때 거의 유일하게 희망을 걸 수 있는 것이 인재였어요. 현대 사회는 모든 것이 그때와 전혀 다르지만, 그럼에도 불구하고 인재의 중요성은 약해지지 않았습니다. 아니, 오히려 리더십과 인재경영이 기업의 중요한 덕목으로 요구되고 있지요.

말씀하신 것처럼 '인재를 잘 보유하느냐, 그렇지 않느냐'는 창업의 성패를 가를 만큼 중요한 사안입니다. 하지만 경영자의 입장에서 생각한다면, A급 인재의 조건보다 중요한 것은 직원을 성공의 수단이 아닌 성공의 협력자로 소중하게 대하는 경영자의 태도일 것입니다. 부디 인간 중심의 경영으로 사업에 성공하기를 바랍니다.

08

좋은 파트너는
협업으로 이루어진다

좋은 파트너가 되는 조건은
무엇일까요?

외국계 자동차 회사 기획팀에서 부팀장으로 근무하고 있습니다. 얼마 후면 새로 진행하는 프로젝트를 위해 별도의 팀이 구성될 예정이에요. 신차 발표를 앞두고 홍보 계획을 비롯한 각종 정책을 논의하기 위해서요.

지난번까지는 제가 팀원으로 선택되었는데, 이번에는 직접 팀을 꾸리라는 지시를 받았습니다. 제가 현장 경험이 많기 때문에 향후 업무를 효율적으로 진행하려고 이런 역할을 맡긴 것 같아요. 문제는 제가 한 번도 이런 경험이 없다는 것입니다.

물론 팀장님이 전체적으로 관리하시겠지만, 어떻게 해야 좋은 팀원을 선택할 수 있을지 걱정입니다. 그동안 직접적으로나 간접적으로 미팅을 가졌던 직원들 중 후보를 추려 면담을 가질 생각인데, 팀의 성과와 직결되는 부분이라 더더욱 신중하게 되네요.

제가 이런 질문을 드리는 이유는 현재 당면한 상황도 걱정스럽지만 앞으로 이런 일이 자주 생길 것 같아서입니다. 이제 저도 회사에서 어느 정도 인정받는 위치에 올랐다는 생각도 들고, 주요 프로젝트에서 리더십을 발휘할 기회도 늘어나지 않을까 기대하고 있습니다. 그렇게 보면 파트너를 선택하는 안목과 팀워크를 이끌어가는 리더십에 따라 제가 한 단계 도약할 수도, 지금 자리에서 멈출 수도 있겠지요.

그동안 회사생활을 하면서 온갖 사람을 봐왔습니다. '정말 함께 일하지 못하겠다' 싶은 사람도 있었고, 질투가 날 만큼 뛰어난 사람도 있었어요. 이제 그 속에서 저와 함께할 사람들을 식별하고 저 개인의 성과보다 팀워크까지 폭넓게 바라봐야 합니다. 좋은 파트너의 조건은 무엇일까요?

_남성, 35세, 자동차 회사 근무

Answer 🎙

좋은 파트너를 고르려면
상대의 태도를 보세요

조직에서 새로운 역할을 맡고 고민도 있겠지만, 도약의 기회를 기다리는 설렘이 느껴집니다. 요즘은 1인 기업도 존재합니다만, 조직에서 혼자 할 수 있는 일은 없습니다. 1인 기업의 '1'이라는 숫자도 완전히 혼자라기보다는 다른 사람들에게 인정받기 전에 스스로 입지를 세우는 것을 의미하지요.

신입사원을 채용하거나 파트너를 선택할 때, 우리는 실력만큼이나 인격을 중요하게 여깁니다. 하지만 실력은 스펙을 보고 짐작한다고 하더라도 인격은 무엇으로 가늠해야 할까요? 이력서, 자기소개서, 면접, 미팅 등 눈에 보이는 것으로 판단할 수밖에 없을 거예요. 인격과 태도는 다른 말이지만, 인격은 태도에서 유추할 수 있습니다. 태도는 자신의 부족한 점을 통제해서 남과 조화를 이루는 기법이니까요. 그럼 상대의 어떤 태도에 주목해야 할지 세 가지로 알아보겠습니다.

첫째, 긍정적인 사람입니다. 일단 밝아야 합니다. 표정, 목소리, 행동까지 모두 밝은 것이 좋아요. 밝고 긍정적인 사람은 남에게도 좋은 영향을 주지만 스스로도 여유와 자존감을 갖고 있습니다.

입장을 바꿔 자신이 사원으로 채용되기를 바란다거나 미팅으로 파트너로 선택되기 바란다면, 실력의 문제만큼 태도의 차이가 성패를 가른다는 사실을 명심하세요. 질문하신 분도 팀원을 선택하는 면담을 갖는다면 면담 자리에서 웃는 사람에게 높은 점수를 주세요. 조급하고 자신감이 없으면 웃을 수 없습니다.

둘째, 실력보다 관계가 중요합니다. 누군가 입사했는데 실력도 있고 인격도 좋다고 할게요. 그런데 입사 후부터 해야 할 일은 어차피 혼자 감당하지 못할 일입니다. 동료들과 조화를 이루어야 하는데 관계를 조절할 능력이 없으면 아무리 잘나도, 아무리 착해도 오래 가지 못해요.

팀의 성과는 각 팀원들이 인간관계의 하모니를 이룰 줄 아느냐 그렇지 못하느냐에 달려 있다고 해도 틀리지 않습니다.

인간관계가 원만하지 않은 사람들은 공통점이 있습니다. 감정 기복이 심하고, 남의 말을 듣지 않아요. 다른 사람을 서둘러 단정 짓고, 타인과 나를 비교하며 질투합니다. 물론 사람이니까 누구나 그런 감정을 가질 수 있지요. 하지만 표출의 문제입니다. 인간관계에 악조건을 줄 수 있는 이런 감정을 표출하느냐, 그렇지 않느냐에 따라 관계가 깨질 수도 유지될 수도 있어요.

자기감정을 통제하지 못하는 사람은 섭섭하다, 화난다, 답답하다, 속상하다, 끊임없이 감정을 표출합니다. 자신의 부족한 통제 능력을 상대를 설복하는 방식으로 관철시키는 거예요. 사실은 자기 그릇이 부족한 것인데 말이지요.

일이 아니라 가정에서도 마찬가지입니다. 결혼했다고 해서 상대에게 내 감정을 표출해도 된다고 생각하면 오산이에요. 끊임없이 조절하고 균형을 잡아야 합니다. 아무리 사랑하는 사이라도 지나치게 솔직한 것은 위험합니다. 어떤 인간관계에서도 솔직함은 그 자체로 미덕이 아닙니다. 솔직한 이야기보다 필요한 이야기를 할 때 좋은 관계를 유지할 수 있습니다.

셋째, 열정을 가진 사람입니다. 열정은 원칙을 고수하고, 책임을 완수해서, 성과를 내는 과정에서 드러납니다. 인간성이 좋고 능력이 뛰어나도 책임을 지지 못하면 다른 사람이 그 일을 대신해야 합니다. 당연히 어떤 동료도 그와 다시 일하고 싶지 않겠죠. 흔히 실력보다 열정이 중요하다고 하는 것은 이런 이유 때문입니다. 열정의 속살은 불편과 고통을 감수하는 것입니다.

어떤 사람이 좋은 파트너인지 판단하는 건 단순하지 않습니다. 단지 우리가 즐겁게 일하기 위해 긍정적인 사람, 관계에서 조화를 이룰 줄 아는 사람, 열정을 가진 사람을 필요로 합니다. 아무쪼록 마음이 맞는 팀원들과 함께 프로젝트를 성공적으로 이끌어가길 바랍니다. 그렇다고 이 세 조건을 망라한 사람만 뽑는 것은 어려울 거예요. 그래서 팀원들과 함께할 때 더 염두에 두어야 합니다. 결국 가장 중요한 것은 나와 상대가 보조를 맞추는 협업정신이라는 것을요.

09

수직적인 상승을
이끌어주는 '369법칙'

직장을 현명하게
옮기는 조건이 있나요?

저는 첫 직장이었던 여행사에서 8년째 근무하고 있습니다. 한 회사에서 오래 머무르는 것에 우려 섞인 조언을 하는 친구들도 있지만, 저는 회사에 깊은 애정을 갖고 열심히 일해왔어요. 고여 있기보다는 제게 주어진 업무 안에서 새로운 점을 찾아서 즐기고자 했어요. 그러다 보니 사장님을 비롯해 상사 분들이 저의 성실함과 긍정성을 높이 사주셨습니다.

그중에서도 특별히 저를 아껴주시는 이사님이 있었습니다. 그분은 얼마 전 퇴직하시면서 작은 여행사를 하나 차리셨는데, 제게 꾸준히 스카우트를 제의하고 있는 상황입니다. 급여나 업무 환경에 있어서도 지금보다 좋은 조건을 제시하셨고요.

그분이 저를 얼마나 인정하는지도 알고, 또 저도 그분을 존경하기 때문에 어느 정도 마음이 기운 것은 사실입니다. 그런데 걸리는 점이 두 가지 있어요. 하나는 이사님이 회사를 차리면서 제 직속 상관이었던 팀장님을 데려갔는데, 제가 대인관계가 원만한 편인데도 불구하고 그 팀장님만은 피하고 싶습니다. 사람이 나쁘다는 뜻은 아니고 업무를 처리하는 방식이 저와 맞지 않는 분이에요.

이사님께 이런 부분을 말씀드리고 허심탄회하게 대화를 나누긴 했어요. 구체적인 방안을 제시하신 건 아니지만 마찰이 있으면 중재를 돕겠다는 뜻은 밝히셨어요. 저는 팀장님과의 관계를 개선하고 싶은 마음이 반이고, 아무래도 불편할 것 같아서 꺼림칙한 마음도 반입니다.

또 하나 망설여지는 점은 안정성입니다. 현재 여행사는 규모도 크고 여러 가지 복지도 잘 되어 있어요. 제가 지금처럼만 열심히 하면 평생직장으로 삼을 수 있을 것 같아요. 그런데 이사님의 회사는 당장 좋은 조건을 약속하곤 있지만, 이제 막 시작하는 작은 회사이니만큼 안정성을 장담하기는 힘들다고 생각해요. 물론 이사님도 유능한 분이고 단골 고객 등 네트워크를 확보해두었지만, 대형 여행사의 인프라를 따라갈 수는 없겠죠.

마음이 기울었다곤 하지만 좀 과장되게 말하면 불 속으로 뛰어드는 심정이에요. 앞으로 제 커리어를 바꿀 큰 전환점인 건 분명한데 아직 확신하지 못하겠어요.

_여성, 35세, 여행사 근무

사람이 아니라 일과
수직적인 상승을 찾으세요

먼저 말씀드릴 것은 누구에게도 평생직장은 없다는 것입니다. 저는 앞서 '뼈를 묻는다'는 말의 위험성을 말씀드린 바 있습니다. 뼈를 묻는다는 마음가짐보다 자신이 추구하는 방향, 쫓고 있는 지향점이 훨씬 중요합니다. 우리가 직장생활을 30년 내지 40년씩 하는 건 현실적으로 힘듭니다. 통상 10년이라고 했을 때, 그 10년에 따라 다음의 10년이 결정됩니다.

여러 가지 이유로 이직을 생각한다면 먼저 '369법칙'을 말씀드리고 싶습니다. 직장생활 3년차, 6년차, 9년차를 기점으로 역할을 나눈 것이 369법칙입니다.

첫 직장에서 3년은 성과보다 성실이 필요합니다. 사실 3년차가 될 때까지 우리가 하는 일은 그다지 멋지지 않습니다. 온종일 카피만 할 수도 있고, 커피만 탈 수도 있으며, 하는 일 없이 코피만 흘릴 수도 있겠죠. 이때는 의사소통이 중요합니다. 나 자신과의 소통, 상사들과의 소통 등 모든 대상이 포함돼요.

같은 회사에 있거나 이직하더라도 6년차쯤 되면 다양한 갈등을 해결해야 합니다. 그것은 부하직원과 상사 사이의 갈등일 수도 있고, 거래처나 기타 부서 사이의 갈등일 수도 있습니다. 이때는 직급이 대리나 과장쯤 될 텐데, 집에 갈 시간조차 없이 바쁜 나날을 보내고 맙니다. 하지만 그런 과정을 거쳐 진정한 '일꾼'으로 거듭나지요. 이직과 관련해서도 그간의 경력과 능력을 인정받아 좋은 조건으로 이직할 기회가 많이 생기고요.

9년차가 되면 부서나 팀과 같은 작은 조직의 장이 됩니다. 이때 중요한 역할은 의사결정이에요. 일을 많이 하는 건 아니지만 조직의 성과를 위해 중요한 결정들을 도맡아야 합니다. 정리하자면 의사소통, 문제 해결, 의사결정이 369법칙에 해당하는 역할인 거죠.

각 시기에 따른 역할을 제대로 이해하지 못하면 현명한 이직을 선택할 수 없습니다. 입사한 지 1년도 안 된 신입사원이 '뭐야, 이 회사에서는 매일 카피만 시키고……. 나를 인정해주지 않잖아'라고 생각해서 이직한다면 어떨까요? 분명히 문제가 될 수 있습니다. 근무 기간이 중요하다기보다 처음의 취지가 흔들리지 않는 것이 중요합니다. 수첩이나 노트처럼 잘 보이는 곳에 입사 당시의 포부, 마음가짐 등을 적어 놓으세요. 그리고 이직이나 변화에 앞서, 초심으로 돌아가 냉철하게 자신을 돌아보는 자세를 가져야 합니다.

그렇지 않고 조직 안에서 누군가와 인간관계가 어그러졌다거나, 내 역할에 한계를 느낀다거나 하는 이유로 이직하면 후회가 따르기 쉽습니다. 직속상관과의 갈등을 견디지 못해 회사를 옮기는 이들이 종종 있지요? 그런데 이직한 회사에 더 비상식적인 사람이 있으면 어떻게 해야 할까요?

조직, 또는 상사와 문제가 생겼다면 이 회사를 선택한 나의 동기와 취지를 되살려 그 과정을 넘겨야 합니다. 당면한 문제를 피하려고 이직을 선택하면 발붙일 곳이 없어요. 결국 이직한 회사에서 또 다른 상황에 휘둘리고, 또 다시 이직이라는 극단적인 선택을 반복하면서 3, 4년이 지나도록 제대로 된 경력조차 없이 떠돌아다니고 말겠죠.

그렇다면 현명하고 지혜로운 이직의 조건은 무엇이 있을까요? 첫째는 나의 역량입니다. 통상적으로 이직하는 이유는 비전입니다. 현재 회사보다 조건이 더 좋기 때문이죠. 그런데 비전을 바란다면 조건보다 나의 역량을 생각해야 합니다. 내 역량을 키울 수 있는 곳이라면 조건이 조금 만족스럽지 않더라도 도전할 가치가 있어요. 그런데 기존의 일을 답습할 뿐인데 급여를 조금 더 주겠다는 상황이면 어떨까요? 신생 회사나 신생 사업이 아니라면 그 경우는 여러분이 가진 역량을 웃돈을 얹어서 사는 것에 불과합니다. 그리고 이것은 회사 입장에서 이득일 뿐, 이직을 고려하는 개인에게는 손해입니다. 돈은 조금 더 받지만 경험의 가치가 없으니까요.

이직을 할 때는 앞서 말씀드린 '10년 후'를 생각하세요. 10년을 내다보고 미래지향적인 이직을 바란다면 당장 힘들더라도 내 역량을 발전시킬 수 있는 곳을 선택해야 합니다. 그러려면 왜 지금 회사를 떠나려고 하는지, 새로운 회사는 어떤지 내 역량과 결부시켜 생각해보세요.

둘째는 주도적인 선택입니다. 주도적이라고 믿고 있는 선택조차 상황에 이끌린 게 아닌지 잘 판단해야 합니다.

"왜 그 회사로 옮겼습니까?"

"아는 사람이 자꾸 오라고 해서요."

의외로 이런 경우가 많아요. 물론 누군가 자꾸 요청하면 흔들릴 수 있습니다. 하지만 이럴 때 자신의 원칙과 초심과 소신이 함께 흔들릴 수 있습니다.

외부 요인이나 외압에 흔들려 움직인 경우, 그 책임은 누가 짊어질까요? 자신 외에는 아무도 책임지지 않습니다. 지인의 요청으로 이직했는데 실제로 가보면 말로 듣던 것보다 상황이 훨씬 나쁠 수 있습니다. 하지만 그때 가서는 어디에도 하소연할 곳이 없지요. 주도적으로 결정하려면 평소에 인간관계도 넓어야 하고, 그 업계의 지식도 많이 쌓아두어야 합니다.

셋째는 철저한 적응입니다. 앞의 두 가지를 고려해서 이직했다면, 새로운 조직의 문화와 조건과 규칙에 철저히 적응해야 합니다. 철저한 적응이란, 초심으로 돌아가 다시 시작하는 것을, 내 몸과 마음을 새로운 틀에 맞춰 완전히 바꿔버린다는 것을 뜻합니다. 예전 조직에서 아무리 큰 인정을 받았다고 해도 그것은 그 조직에서만 유효한 것입니다. 새로운 시작, 철저한 적응에는 리스크가 따르지만 그것도 내가 감당해야 할 몫이라는 것을 기억하세요.

덧붙이자면, 이직이 결정되면 기존 회사와의 인연은 과감하게 정리할 필요가 있습니다. 이직 후 기존 회사에 미안해서 옛 동료들과 자주 만나거나 자신의 정당성을 주장하는 것은 좋은 방법이 아닙니다. 그것은 오히려 옛 직장, 옛 동료에게 나쁜 영향을 미칩니다.

결론적으로 이직할 때는 수평적인 이동보다 수직적인 상승이 좋습니다. 수직적인 상승이란 단순히 더 큰 보상을 말하는 것이 아니라, 조금 열악하더라도 현재의 내가 아니라 미래의 나를 위해 어떤 것들을 감수하는 것입니다.

　지인의 제의로 이직을 고려하고 있다면, 그분과 좋은 관계를 유지하고 싶다면 냉철한 판단으로 주도적으로 선택하세요. 사람을 따르다가는 일도 잃고, 사람도 잃는 결과를 맞이할 수 있어요. 사람이 아니라 일을 선택하는 것이 이직입니다.

10

그처럼 되고 싶다면
그처럼 살자

롤모델을 정한 뒤에는
어떻게 해야 할까요?

저는 증권 회사에서 첫 직장생활을 시작한 뒤 지금은 펀드매니저로 활동하고 있습니다.

얼마 전 사내에서 열린 '멘토와 롤모델'이라는 특강을 들었는데, 강사 분께서 멘토와 롤모델의 중요성 내지는 필요성을 말씀하시는 것을 듣고 무척 공감했습니다.

그날 이후 제가 걷고자 하는 길을 먼저 걸어간 사람들을 깊이 생각해봤습니다. 타고난 재능이 뛰어난 천재 스포츠선수나 천재 예술가에게도 코치와 스승이 필요한 것처럼, 저 같은 직장인도 그런 역할을 해줄 사람이 있어야 한다는 것을 깨달은 거죠. 성장하려면 무엇보다 스스로를 객관적으로 평가하는 게 중요할 텐데, 사실 그러기가 어렵지 않습니까. 그래서 자기 삶에 지침이 되어

줄 만한 대상이 필요하고요.

다소 건방지게 들릴지 모르겠지만, 저는 주변에서 멘토의 역할을 해줄 어른을 찾지 못하겠더군요. 멘토라면 일단 저와 직접적인 관계에 있는 사람이어야 할 텐데, 직장 상사나 선배들 중에서 딱히 떠오르는 사람이 없었습니다. 그래서 멘토 대신 롤모델을 찾았는데, 첫 번째로 떠오른 사람이 워렌 버핏입니다.

왜 워렌 버핏을 선택했느냐면, 아마 저의 경험에서 그와 동질감을 찾으려고 했기 때문이 아닌지 싶습니다. 어릴 때부터 할아버지의 채소가게에서 일하고 장사하는 등 돈을 벌고 모으는 데 관심이 많았던 워렌 버핏처럼 저도 그랬습니다. 집안이 어렵지도 않았고 제가 용돈을 벌어 써야 하는 상황도 아니었는데, 어릴 때도 제 돈을 갖고 싶다는 욕심에 닥치는 대로 아르바이트를 하고, 그렇게 생긴 돈을 차곡차곡 모으는 것이 제 즐거움이었습니다. 대학에서 경제학을 전공한 것이나 사업가인 아버지를 둔 것도 굳이 따지자면 비슷한 이력일 수 있겠네요.

하지만 롤모델을 정했다 해도 어떻게 해야 워렌 버핏처럼 될 수 있는지는 여전히 모호하게 느껴집니다. 롤모델을 정했다면 그 다음에는 어떤 과정을 밟아서 목표를 이루어야 할까요?

_남성, 33세, 펀드매니저

그를 만나고, 그를 찾고,
그를 살아야 합니다

강연을 듣고 곧바로 자기 삶에 적용하고자 노력하는 태도를 높이 사고 싶습니다. 말씀하신 것처럼 롤모델을 품는 것은 자신의 목표를 구체화하는 데 좋은 방법입니다. 특정인물을 대상으로 답을 얻는 것은 그 자체로 효율적이기도 하고요.

워렌 버핏, 스티브 잡스, 빌 게이츠, 이건희, 손정의가 되고 싶다는 이들을 종종 볼 수 있습니다. 누구처럼 되고 싶다는 것은 생산적인 욕구이지만 욕구만으로는 목표를 이룰 수가 없겠지요. 중요한 건 그 욕구를 충족하기 위해 '어떻게 살아야 하는가' 하는 질문을 갖는 것입니다.

첫째, 만나야 합니다. 국적도 다르고, 언어도 다르고, 원한다고 쉽게 만나줄 리도 없는 워렌 버핏을 우리는 어떻게 만나야 할까요? 무작정 비행기를 타고 그가 있는 미국 오마하를 찾아갈 필요는 없습니다. 우리는 미디어로 그를 만날 수 있으니까요. 워렌 버핏와 관련된 책, 영상, 기사는 어마어마하게 많습니다. 워렌 버핏이 쓴 책뿐 아니라 다른 저자가 워렌 버핏에 관해 쓴 책까지 합치면 국내에 있는 책만 수백 권에 이릅니다.

둘째, 찾아야 합니다. 책과 매체로 워렌 버핏을 만나보면 그의 행적을 알 수 있습니다. 어린 시절, 학창시절, 그가 가장 행복했을 때, 가장 절망했을 때, 각각의 스토리를 찾다보면 그가 살아온 삶의 궤적이 보입니다. 그리고 그가 살아온 방식은 곧 그가 가진 핵심가치입니다. 삶의 방식, 삶의 지혜라는 건 결코 잔머리가 아닙니다. 그것은 가치이자 원칙입니다.

우리가 이순신 장군을 존경하는 이유는 그가 전쟁에서 이겼기 때문이 아니라 그의 삶의 원칙 때문이에요. 누군가를 존경한다는 것은 그가 가진 원칙을 존경한다는 말이기도 합니다. 우리가 위인전을 읽고 평전을 읽는 이유도 한 인물의 스토리에서 그의 원칙을 발견할 수 있기 때문입니다. 그것은 우리가 더 나은 삶의 방식을 찾는 행위입니다.

멘토를 찾지 못했다고 했는데, 저는 학생들에게 멘토로 삼을 만한 사람을 구하고, 그 사람을 찾아가 질문하고 인터뷰하라고 권합니다. 질문에는 두 가지가 있습니다. 그의 삶에 대한 질문, 그리고 그의 일에 관한 질문이죠. 두 가지 질문을 할 때는 공통적으로 그 사람의 생각과 방법을 물어야 합니다.

'살면서 어떤 일이 가장 어려웠습니까?'라는 질문도 중요하지만 '그 어려운 일을 어떻게 극복했습니까?'라는 질문이 훨씬 중요합니다. '살면서 어떤 일이 가장 행복했습니까?'도 중요하지만 그보다는 '그 행복한 일을 어떻게 나누었습니까?'가 더 중요합니다.

워렌 버핏은 세계적인 부호이지만 '그가 돈을 얼마나 벌었는가'보다 '그가 돈을 어떻게 썼는가'가 핵심입니다. 워렌 버핏이 기업인이자 투자자라는 사실보다 더 중요한 것은 그가 적극적으로 기부활동을 하고, 검소한 생활태도를 유지하는 '오마하의 현인'이라는 사실입니다.

셋째, 살아야 합니다. 만나는 것보다 찾는 게 어렵고, 찾는 것보다 사는 게 어렵습니다. 다시 말해 워렌 버핏을 만나는 게 가장 쉽고, 워렌 버핏처럼 사는 게 가장 힘들지요.

부모님들한테 "자녀가 어떻게 되길 원합니까?"라고 물으면 많은 이야기를 합니다.

"공부를 잘했으면 좋겠어요."

"성공했으면 좋겠어요."

"연봉이 높은 직장에 취직하면 좋겠어요."

하지만 부모가 공부를 잘하지도, 성공하지도, 연봉이 높은 직장에 다니고 있지도 않다면 자녀가 그 조건을 충족하기는 어렵겠죠. 하지만 어떤 부모라도 자신이 사는 방식을 자녀에게 보여줄 수 있습니다. 부모가 열심히 산다면 자녀도 열심히 살겠지요. 성적, 성공, 취직은 그 다음의 일입니다.

노래를 좋아하는 우리 딸은 가스펠 가수 소향처럼 노래하기를 원합니다. 어떻게 하면 그처럼 노래할 수 있을까요? 일단 그처럼 살아야지요.

워렌 버핏이 되고 싶은가요? 그렇다면 워렌 버핏처럼 살아야 합니다. 이것은 바뀌지 않는 인과관계입니다. 어떤 사람이 일확천금으로 부자가 되었다고, 그가 워렌 버핏처럼 기부를 하고 검소한 생활태도를 갖고 남에게 존경받는 롤모델이 되지는 않습니다. 워렌 버핏의 삶이 그를 지금의 모습으로 만든 거예요.

수많은 사업가, 투자가들 중에 워렌 버핏을 롤모델로 삼은 이유는 나의 삶이 바뀌지 않고 부만 생기기를 바랐기 때문이 아닐 것입니다. 만약 삶의 변화 없이 경제적인 부만 바란다면 우리의 삶은 한낱 로또복권과 다를 바가 없습니다. 만나고, 찾고, 살면서 자신의 롤모델과 같은 모습이 되기를 바랍니다.

PART 5

나와 그를
바꾸고 싶을 때

내 삶의 주인공이 되는 것, 변화를 앞서가는 것
이것은 나를 아는 것에서 시작된다.

01

리더십, 돈의 가치,
균형감각을 가져라

창업을 한 뒤 고객과 동업자,
모두 문제입니다

저는 온라인 쇼핑몰을 홍보하는 마케팅 회사에서 근무했습니다. 경력은 오래되지 않았지만 온라인시장이 워낙 넓다 보니 일이 무궁무진해 보였고, 저도 나름대로 고객관리에 자신이 있어서 후배 2명과 의기투합해서 조그맣게 창업했습니다. 시작한 지는 1년쯤 되었고요.

얼마 전에 함께 일하는 후배와 술을 마셨는데, 후배 녀석이 술김에 제게 그런 말을 하더군요. 저를 믿고 회사를 나왔는데, 제가 추진력이 없어서 불안하다고요. 술자리다 보니 저의 어떤 점이 불안한지 자세히 묻지는 못했지만, 지난 1년 동안 일이 잘 풀리지 않았기 때문에 그런 말을 하는 것도 무리는 아니라고 생각합니다.

하지만 솔직히 말하면 이해는 하면서도 자존심이 몹시 상했습니다. 창업을 시작하자고 바람을 넣은 것도, 업체 관리 등 주요 업무를 맡고 있는 것도 저입니다. 그런데 후배에게 그런 말을 듣고 보니 어깨가 움츠러드는 기분이었습니다.

예전 직장에서 저는 영업실적이 좋은 편이었습니다. 웬만한 중소기업보다 더 매출이 높다는 1세대 쇼핑몰들을 고객으로 끌어들인 적도 몇 번 있었고요. 예전에는 제 영업능력이 뛰어난 줄 알았는데 이제 와서 생각해보니 회사의 네임벨류 덕이 컸던 것 같습니다. 예전 회사는 온라인 마케팅 쪽에서 업계 3위 안에 드는 곳이었거든요.

하지만 지금은 조그만 신생 회사에서 새로운 고객을 끌어들이는 것이 너무 어렵습니다. 제가 담당했던 몇몇 회사가 창업 이후에도 일을 맡겨줘 어찌어찌 해나가고는 있지만, 역시 짧은 경력이 문제인 것 같습니다. 새로운 시도를 하거나 카리스마 있게 치고 나가는 힘도 부족한 듯하고요.

매출이 생각처럼 나오지 않으면서 후배들에게서 후회하는 기색이 느껴져 마음이 무겁습니다. 후배들이 저를 따라 나온 것도 제 영업능력을 믿고 결정한 일일 텐데 선배로서 신뢰받지도 못하고 일은 지지부진하니 한숨만 나옵니다. 제가 리더십이 부족한 탓일까요? 하지만 저는 후배들과 소통도 잘하고 그들의 이야기에도 귀를 기울여주는데요. 리더십과 사업에 성공하는 법, 지금 제게 절실한 것들입니다. 도와주세요.

_남성, 32세, 온라인 마케팅 회사 대표

리더십은 세일즈십과
같은 말입니다

창업을 시작한 뒤 어려움을 겪는 이들이 많습니다. 특히 과거에 했던 업무와 인맥을 그대로 끌어올수록 그런 경우가 잦습니다. 질문하신 분도 비슷한 사례인 것 같습니다. 흔히 기존 인맥, 기존 경험의 연장선상에서 사업을 하면 일이 쉽게 풀릴 것 같지만 안타깝게도 현실은 그렇지 않은 경우가 많습니다. 사업이라는 것부터가 기존에 내가 갖고 있는 틀을 깨는 행위입니다. 그런데 과거의 것으로 새로운 일의 수익을 창출하겠다는 생각은 어찌 보면 안이할 수 있겠지요.

우리는 흔히 개인사업자를 내서 회사를 차리는 거창한 일이 창업이라고 생각하지만, 창업의 사례는 실로 다양합니다. 프리랜서도 일종의 창업이고, 강연을 전문으로 하는 강사도 창업에 속합니다. 그렇게 보면 지금 제가 드릴 말씀은 질문하신 분이나 혼자 일하는 분들, 안정적인 급여를 받지 않는 모든 분들에게 해당되는 솔루션입니다.

질문은 '사업에 성공하는 법'과 '리더십을 갖는 법', 두 가지로 정리할 수 있는데, 사실 사업에 성공하는 방법 중 하나가 리더십입니다. 리더십을 포함하여 창업 초창기에 알아두면 좋을 것들은 세 가지로 정리할 수 있습니다.

첫 번째는 리더십입니다. '후배들과 소통도 잘하고 그들의 이야기에 귀를 기울여준다'라고 했는데, 그렇다면 리더십이 무엇이라고 생각하나요? 남을 이끄는 힘? 팀워크를 만들어내는 것? 소통의 능력? 맞습니다. 그 모든 것이 리더십에 포함됩니다. 하지만 이것은 리더십을 갖추는 데 필요한 조건이지 그 자체로 리더십은 아닙니다. 다시 말해 남을 이끌고, 팀워크를 만들어내고, 소통하는 것은 리더십의 '행위'이지 '목적'은 아닌 거지요.

저는 리더십이란 세일즈십과 맥락을 같이한다고 생각합니다. "세일즈는 물건을 파는 건데 그게 리더십과 무슨 관계가 있습니까?" 하고 되물을지도 모르겠네요. 하지만 세일즈는 단순히 뭔가를 판매하는 것이 아니라, 우리가 제공하고자 하는 상품이나 서비스를 상대가 기꺼이 수용하게 만듦으로써, 궁극적으로는 타인을 변화시키는 일입니다. 누군가의 문제를 해결하는 동시에 A라는 고객을 B라는 모습으로 바꾸는 거지요.

마찬가지로 리더십도 나의 철학, 사명, 생각을 다른 사람에게 투입시킨 뒤 타인에게서 기존의 모습과 차별화된 변화를 이끌어내는 것입니다. 한마디로 사람을 바꾸는 거예요. 이렇게 보면 리더십과 세일즈십이 어떤 점에서 맞닿아 있는지 이해하겠지요? 또 세일즈를 할 때도 리더십이 필요하다는 것을 알 수 있을 거예요.

두 번째로 유의해야 할 점은 돈의 가치입니다. 처음 사업을 시작하는 이들은 돈 문제를 어려워하거나 반대로 우습게 여기는 경향이 있습니다. 즉 돈 이야기를 주고받는 것을, 자신이 상대적인 약자로 취급받는다고 생각하거나 상대와 껄끄러운 관계가 될 거라고 짐작해서 꺼려하는 경우가 있다는 뜻입니다.

"내가 돈 때문에 이 일을 하는 건 아니고……."

이런 발언은 함부로 하면 안 됩니다.

"제가 그냥 해드리죠, 뭐."

이런 말도 마찬가지예요. 모든 것을 돈으로 환산할 수는 없지만 돈의 가치에 무감각해지거나 혹은 무감각한 척하는 것은 사업을 할 때 큰 리스크가 됩니다.

제 경우를 예로 들면, 저도 코칭이나 컨설팅을 하면서 관계에 따라, 또는 상황에 따라 비용을 거의 받지 않을 때가 있습니다. 하지만 저는 무료라고 말하지 않을뿐더러 비용이 없더라도 계약서를 씁니다. '당신이 이 컨설팅을 무료로, 또는 적은 금액으로 받고 있지만 사실 이만큼의 경제적인 가치가 있는 일입니다'라는 것을 저와 상대에게 주지하는 것이죠. 돈에 두루뭉술한 사람은 결과를 얻기가 힘듭니다. 결과가 없으면 사업이라고 할 수도 없지요.

마지막으로 균형입니다. 균형이란 안과 밖의 균형이고, 과거 인맥과 미래 인맥의 균형이며, 일과 삶의 균형입니다. 이 중 안과 밖의 균형은 영업과 개발의 균형이라고 바꿔 말할 수 있습니다. 창업하는 이들은 영업이 중요하다고 생각하면서 관련 업무를 개발하고 싶어합니다. 여기에서 괴리가 생기는데, 개발하느라 영업을 하지 못하면 치명적인 결과가 생길 수 있어요.

기존 인맥과 새로운 인맥의 균형도 마찬가지입니다. '예전에 담당했던 몇몇 회사가 일을 맡겨줘 어찌어찌 해나가시는' 상황이지만, 굳이 따지자면 과거 인맥보다 미래 인맥이 더 중요합니다. 과거 인맥은 그들의 충성도와 의리에 의존해야 하고, 그것이 무너지면 언제라도 나를 떠날 수 있기 때문입니다. 따라서 과거 인맥을 관리하되 미래 인맥을 발굴하는 일을 소홀히 하면 안 됩니다.

흔히 사람들은 알고 지내던 고객이 편하고, 처음 만나는 고객이 불편하다고 생각합니다. 하지만 관점을 바꿔 보면 처음 만나는 사람이 가장 쉽고 편합니다. 나를 모르는 사람이고, 잃을 것이 없는 사람이니까요. 오로지 알아갈 것과 얻을 것만 있으니 얼마나 편한가요. 동의를 받을 때도 나를 잘 아는 사람이 더 힘든 법이죠. 내가 어떤 일을 하고자 할 때 부모님께 동의 받는 것은 어렵습니다. 와이프한테 동의 받는 것은 불가능하다고 봐야죠.

처음 사업을 시작하는 이들은 가능하면 많은 사람을 만나려고 합니다. 시간적으로 바쁘고 심리적으로 안도감을 느낄지는 몰라도 그게 꼭 득이 되는 건 아닙니다. '사람들을 많이 만나는데 왜 성과가 없나요?'라고 생각한다면, '내가 사업을 하고 있다'라는 생각을 갖기 위해 비효용적으로 바쁘지는 않은지 점검해보세요.

또 하나의 균형은 일과 삶에 관한 것입니다. 밤새 일하고 낮에 잔다. 이것은 창업자의 생활이 아니라 백수의 생활입니다. 일과 삶의 균형은 다른 말로 하면 일과 삶의 구분입니다.

재택근무를 하는 사람들은 집에 작업실이 있습니다. 제가 재택근무를 하는 이들에게 자주 하는 말이 있어요. 작업실에 들어갈 때 하다못해 집에서 입던 옷 위에 넥타이라도 매라고요. 이것은 꼭 그렇게 하라는 뜻이라기보다는 일과 삶을 구분하는 것이 얼마나 중요한지 강조하는 것입니다.

만약 열정과 자유로 창업을 시작했다면 그것은 틀리지 않습니다. 하지만 창업 후 진짜 사업을 하려면 리더십과 돈의 가치와 균형감각을 가져야 합니다. 창업 후 1년 동안 많이 고군분투했으리라 생각합니다. 하지만 제 조언을 바탕으로 자신의 문제점을 진단하고 그것을 해결하기 위해 노력하면 차츰 나아질 겁니다. 유망한 청년사업가의 건투를 빕니다.

02

리더십은 나와 그, 조직과
사회를 바꾼다

도대체 리더십이란
무엇일까요?

저는 친형과 함께 기획사를 경영하고 있습니다. 연극이나 무용 등의 공연을 기획하고 문화콘텐츠를 개발하는 일이지요. 최근에는 영화산업 쪽으로도 조금씩 발을 넓혀가는 중이고요. 형이 회사를 경영하고, 저는 상무로서 실질적인 관리를 도맡아 하는 구조예요.

형과 함께 이 일을 시작한 건 제 입김이 컸습니다. 저는 20대에 뮤지컬배우로 활동했고, 30대 때는 프리랜서 공연기획자로 일했거든요. 제가 가장 좋아하는 일이면서 제일 익숙한 일이기 때문에 창업할 때도 자신이 있었습니다. 형은 공연 쪽과는 관계없는 회사에 다녔지만 경영감각이 뛰어나, 둘이 힘을 합치면 잘할 수 있을 거라 생각했고요.

초창기에 우여곡절이 많긴 했지만 이제 어느 정도 자리를 잡아가는 단계라 저나 형도 한시름 놓은 상태입니다. 하지만 회사를 지속적으로 성장시키려면 저나 형이 예전과 달라져야 한다는 생각이 듭니다. 특히 저는 프리랜서로 혼자 일하는 데 익숙해져 있어서인지 인력관리에 한계를 많이 느끼거든요. 그러면서 리더십을 깊이 고민하게 되었고요.

사실 얼마 전까지만 해도 리더십을 막연하고 단순하게 생각했습니다. 저 같은 관리자보다는 대표에게 요구되는 덕목이라 생각했고, 사람을 다루고 부리는 일이라고 간단하게 치부하기도 했습니다.

하지만 이직과 퇴사로 직원들이 자주 바뀌고, 또 신입사원들이 들어와 적응하는 과정을 지켜보면서 리더십을 바라보는 시각이 차츰 바뀌었습니다. 사람을 어떻게 관리해서 이직을 막을 것인가, 새로운 사람들을 어떻게 적응시킬 것인가, 또 기존에 있는 사람들에게서 어떻게 잠재능력을 이끌어낼 것인가, 그런 문제를 고민하다 보니 자연스레 리더십에 관한 생각으로 이어진 거죠.

최근 들어 리더십 관련 강좌도 많이 열리고, 서점에 가보면 관련 책들도 다양하게 진열되어 있는 모습을 봅니다. 하지만 리더십에 관한 정보가 많아지면 많아질수록 오히려 '리더십은 무엇인가?' 하는 본질적인 물음은 희박해지는 것 같습니다. 적어도 제 경우에는 그렇더라고요.

리더십의 필요성은 느끼지만 개념이랄까, 정의랄까, 그런 것은 여전히 모호하기만 합니다. 제가 바뀌지 않으면 아무것도 바뀌지 않는다는 문제의식은 있는데 개념이 잡히지 않으니 제 역할도 흐릿하게 느껴집니다. 과연 리더십은 무엇일까요?

_남성, 42세, 공연기획사 경영

Answer

리더십은 '그'가 아니라
누구에게나 필요한 지혜

일단 회사가 자리를 잡아가고 있다니 다행입니다. 프리랜서로 일하다가 조직의 관리자로 거듭나는 일이 쉽지 않았을 텐데 잘하셨네요. 무엇보다 '내가 바뀌지 않으면 아무것도 바뀌지 않는다'라고 할 만큼 변화에 스스로 문제의식을 갖고 있다는 게 참 반갑습니다. 일이 잘 될수록 고여 있지 않으려고 노력하는 것이야말로 성장의 첫 단계지요.

요즘 리더십에 대한 질문을 자주 받습니다. 리더십이 무엇이냐고 근본적인 물음을 던지는 사람들에서 리더십을 계발하는 방법까지 질문의 종류도 다양합니다. 리더십이 새로운 화두여서라기보다는 이 시대에 결정적인 요소이기 때문이겠지요.

어떤 회사들은 사원을 채용할 때 리더십을 평가지표로 두기도 합니다. 그런데 과연 리더십이 누군가를 합격시키거나 불합격시키는 기준으로 유용할까요? 또는 리더십을 한마디로 정의하고 평가할 수 있을까요?

저는 한 사람의 리더십이란 그가 어떻게 살아왔느냐에 따라 다양한 형태로 결정된다고 생각합니다. 예를 들자면 이순신 리더십도 있고 세종대왕 리더십도 있는 거죠. 둘은 전혀 다르지만 그중 어떤 것이 더 나은 리더십이라고 말하기는 어렵습니다. 또 리더십이 학문이나 지식이라기보다는 '지혜'의 영역에 가깝기 때문에 평가 기준으로는 부적절하다는 생각도 있습니다.

답변에 앞서 이렇게 말하는 이유는 리더십이 이처럼 복잡하고 미묘하며 포괄적인 개념이라는 것을 전제하기 위해서입니다. 따라서 제가 생각하는 리더십을 보편적인 리더십이라고 주장하기는 어렵겠죠. 그럼에도 불구하고 어쩌면 제 주관적인 리더십이 오히려 해답이 되지 않을까 하는 생각이 듭니다.

'리더십은 무엇인가'는 어찌 보면 '리더의 역량이 무엇인가' 하는 고민과 맞닿아 있다고 생각합니다. 리더십은 무엇 무엇이라고 정의했을 때, 그 정의에는 리더가 지녀야 할 정신이 담겨 있고, 정신은 실천을 포함하는 것이기 때문입니다. 여기서는 리더가 실천해야 할 사항보다는 리더십이라는 말을 정의해보겠습니다.

리더에 관한 정의 중 첫 번째는 사람입니다. 무리생활을 하는 동물들도 우두머리, 즉 리더가 있습니다. 하지만 우리가 말하는 리더십을 동물이 가지는 건 어렵겠지요. 그렇게 보면 리더십이란 결국 사람이 주체가 되어 사람을 대상으로 하는 일입니다. 반대로 리더십이 없다는 것은 비인간적입니다. 사람을 중심에 두지도 않고, 사람을 움직이지도 않는 것이니까요.

두 번째 정의는 자기 통제입니다. 앞서 첫 번째 정의를 사람이라고 말했는데, 여기에서 사람이란 타인뿐 아니라 자신도 포함됩니다. 남들에게 나를 따르라고 말하려면 우선 스스로를 통제하고 관리하는 능력이 필요하니까요.

신문이나 텔레비전을 보면 존경받을 만한 사람들이 참 많습니다. 하지만 그토록 대단한 이들이 어떤 사건 하나로 흔들리거나 주저앉는 경우 또한 자주 봅니다. 그것이 외부에서 온 역경의 문제이기만 할까요? 어쩌면 그것은 자기 스스로를 통제하는 '셀프 컨트롤 시스템'이 부족한 때문이 아닐까요? 리더십이라는 단어에서 '리더'가 사람 그 자체라면, '십'은 리더의 정신, 즉 자기 통제 능력입니다.

마지막으로 조직과 사회입니다. 사람과 사람이 모이면 조직이 되고, 조직과 조직이 모이면 사회가 되지요. 이 조직과 사회를 성장시키는 것이 곧 리더십입니다. 나라는 인간이 조직과 사회 안에 단순히 존재한다고 해서 그것을 리더십이라고 말하지는 않습니다. 성과를 내지도, 변화를 이끌어내지도 못하니까요. 그러나 내가 조직과 사회에 비전을 제시하고 큰 틀에서 무언가를 바꿔나가려고 한다면 그것은 리더십이라고 말할 수 있습니다.

리더십이 '대표에게 요구되는 능력'이고, '사람을 다루고 부리는 일'이라고 단순하게 치부한 적이 있다고 했는데요, 실제로 많은 사람들이 리더십을 특정한 직위에 있는 이들의 전유물로 생각합니다. 하지만 리더십은 회사의 사장이나 한 조직의 수장에게만 요구되는 것이 아닙니다. 물론 영업을 하는 이들에게만 적용되는 것도 아니고요.

어떤 일을 하더라도 우리는 항상 뭔가를 설명해야 하고 누군가를 설득해야 합니다. 그리고 궁극적으로는 누군가를 변화시켜야 합니다. 윗사람 때문에 일하는 게 아니라, 혹은 급여 때문에 일하는 게 아니라 자신의 발전과 성취를 위해 일한다면 리더십을 자신의 직무와 접목시키는 능력이 필요합니다.

03

돋보이기 전에
닮고 싶은 사람이 되자

Question

존재감 있는 사람이
되고 싶어요

7년 동안 라디오 방송작가 생활을 하다가 몇 달 전 몇몇 작가들과 회사를 만들었습니다. 소설가, 시나리오작가, 여행작가, 카피라이터, 기획편집자 등 글과 관련된 다양한 장르에서 활동하던 이들이 만든 '스토리텔링 연구소'입니다.

저희는 책을 기획해서 출판사에 제안하기도 하고, 역으로 출판사에서 보내온 원고를 리라이팅하기도 합니다. 대본이나 시나리오를 소설화하는 2차 콘텐츠 작업, 게임시나리오 작업 등도 하고요. 그밖에도 기업의 사보, 홍보 리플릿 등 글 작업이 필요한 모든 분야에 일을 맡고 있습니다.

신생 회사지만 젊은 작가들이 모인 곳이다 보니 열정도 많고 다들 개성이 뚜렷해서 활기가 넘칩니다. 직급 없이 평등한 분위기에서 일하고 있어요. 그런데 저는 이처럼 자유로운 분위기에서 오히려 스트레스를 받고 있습니다. 평등하다고는 하지만 회의를 하거나 일을 진행하다 보면 눈에 띄는 사람, 자기주장이 강해 남의 의견을 잘 받아들이지 않는 사람이 있기 마련이잖아요. 그리고 저희 회사 같은 상황에서는 그것이 직급이 부여하는 후광이 아니라 성향이나 개성이기 때문에 더 돋보이는 것 같아요.

반대로 저는 말발이 잘 먹히지 않는 편입니다. 논의나 토론을 하는 자리에서도 은근히 무시당하거나 다른 사람에게 말이 가로막히는 경우가 자주 있습니다. 제 스스로도 주도적으로 뭔가를 이끌고 싶은 욕심은 있는데 남들에게 존중받지 못하는 것 같아 속상합니다. 제 화법에 문제가 있는 건 아닌지 생각해봤지만 화법의 문제라기보다는 태도의 문제인 것 같습니다. 뭐랄까, 존재감이 부족하고 아우라가 없다고 해야 할까요.

오래 전 일이지만, 고등학교 2학년 2학기 때 길거리에서 같은 반 아이와 마주친 적이 있었습니다. 그런데 그 아이가 저를 알아보지 못하더군요. 말하자면 그 아이는 한 학기가 지나도록 학급에 저 같은 아이가 있는 줄 몰랐던 거예요. 별것 아닌 일 같지만 저한테는 큰 충격이었습니다. 지금도 저는 남들에게 있는 듯 없는 듯한 사람인 것 같아요.

실제로 저는 남들 앞에 나서는 걸 좋아하지 않고 제 목소리를 강하게 내는 타입도 아닙니다. 하지만 모순적으로 제 내면에는 사람들 사이에서 돋보이고 싶고, 남들을 이끌고 싶은 욕망이 있습니다.

　리더십이 특정한 지위에 있는 사람들의 전유물이 아니라 누구에게나 필요한 지혜라는데, 그렇게 보면 저처럼 존재감이 미비한 사람에게 가장 필요한 덕목이 리더십이 아닌가 싶습니다. 리더십이 있으면 나의 존재를 부각시키고, 남들에게 꼭 필요한 사람으로 인정받을 수 있을 테니까요. 그런데 리더십의 필요성을 알면서도 이것을 어떻게 제 것으로 만들어야 하는지 잘 모르겠습니다.

_여성, 32세, 작가

Answer

남다른 마음가짐이 나를
특별한 사람으로 만듭니다

　남들에게 드러내놓고 표현하지 않을 뿐 열정도 많고 의지도 있는 것 같습니다. 하지만 남들이 그런 나를 알아봐주지 않고 존재감 없는 사람으로 대한다면 많이 속상하고 괴로울 겁니다.

　앞서 리더십이 회사 대표나 한 조직의 수장에게만 요구되는 것이 아니라고 말씀드렸습니다. 넓은 의미에서 리더십은 나와 타인을 변화시키는 데 꼭 필요한 것입니다. 그럼 이 세 가지를 위해 우리는 어떤 역량을 갖춰야 할까요? 세 가지로 정리할 수 있습니다.

첫째는 내가 누구인지 알아야 합니다. 리더십의 정의에 관해 말하면서 자기를 통제하고 관리하는 힘이 필요합니다. 하지만 왜 그래야 하는지 의문이 생길 수 있을 겁니다. 사실 리더가 된다는 것, 다른 사람을 이끄는 견인차 역할을 한다는 것은 불편하고 무거운 일입니다. 그래서 더더욱 자신의 가치와 목적을 분명하게 해야 하지요.

얼마 전, 신문을 보니까 우리나라에서 60퍼센트의 사람들이 자신을 잉여인력이라고 생각한다는 조사 결과가 나왔더군요. 정말 깜짝 놀랄 일이 아닐 수 없습니다. 스스로를 쓸모없는 인간, 남아도는 인력으로 생각한다는 것은 내가 누구인지 몰라서 그렇습니다. 스스로의 가치와 목적을 모르기 때문에 자신에게 낙오자라는 낙인을 찍는 거예요. 정말 안타까운 일입니다.

하지만 리더는 '특별한 사람들'입니다. 태생부터 리더가 될 재목이 따로 있다는 뜻이 아니에요. 특별한 사람은 자신을 바꾼 경험, 변화에 관한 스토리가 있는 사람입니다. 경험과 스토리를 재산으로 갖고 있는 사람은 스스로를 결코 잉여인력이라고 생각하지 않습니다.

사람들이 누군가를 존경하고 따르고자 할 때는 나와 그 사람의 관계도 영향을 미치겠지만, 무엇보다 그가 특별한 사람이기 때문일 거예요. 남들이 흔히 할 수 없는 일을 했던 사람, 평범함을 극복한 사람, 이런 사람들은 자기 스토리의 주인공이기 때문에 특별합니다. 내 인생의 주인공이 되느냐 엑스트라가 되느냐는 결국 마음가짐의 문제입니다. 정체되지 않고, 끊임없이 변화를 추구하고, 새로운 것을 시도하겠다는 마음가짐이 우리를 주인공으로, 특별한 사람으로 만듭니다.

질문하신 분, 그리고 또 다른 분들이 제 이야기를 듣고 있는 이유도 결국 변화하기 위해서입니다. 하지만 변화의 핵심을 외부에 두면 아무것도 바뀌지 않습니다. 남이 하기 때문에 나도 하고, 남이 달라졌기 때문에 나도 달라지고……. 이런 것은 설령 물리적인 변화가 있었다 해도 엑스트라의 마음가짐입니다.

내 인생의 주인공이 되는 것, 변화를 추구하는 것, 이 모든 것이 나를 아는 것에서 비롯됩니다. 그래서 저는 '스스로를 아는 것'을 리더의 첫 번째 역량으로 꼽고 싶습니다.

둘째는 소통입니다. 우리는 소통이 곧 리더십이라고 생각하지만 엄밀히 말하면 소통은 리더십 자체라기보다는 리더십을 위해 우리가 갖춰야 할 덕목과 같습니다. 덕목들 중에서도 아주 중요한 덕목이죠. 상대를 인정하고 상대의 말을 경청하고 상대의 마음에 공감하는 것, 저는 이것보다 더 중요한 리더의 능력은 없다고 생각합니다.

앞서 사회생활의 기본이 어렵거나 인정받고 싶은 이들에게 관찰, 관심, 관계로 이어지는 소통의 중요성을 여러 번 강조했습니다. 이것은 리더십에서도 예외가 아닙니다. 제아무리 좋은 리더의 조건을 갖추었더라도 관계를 빼버리면 저 혼자 잘난 엘리트에 불과합니다. 누구에게도 영향력을 미치지 못하는 독불장군과 같아요. 하지만 지금 우리가 갖고 싶은 역할은, 그리고 이 사회가 바라는 인간상은 엘리트가 아니라 리더이기 때문에 관계와 소통이 중요합니다.

셋째는 비전입니다. 얼마 전에 모 기업에 강연을 가서 어떤 비전을 갖고 있는지 물었더니 하나같이 비슷비슷한 대답을 했습니다. 승진하고 싶고, 연봉이 올랐으면 좋겠고……. 하지만 이런 비전은 조직 안에 있을 때만 유효합니다. 우리는 지금 있는 조직에 평생 몸담지 않습니다. 또한 조직을 나왔을 때도 여전히 가치 있는 사람이어야 합니다. 조직이 아니라 자신에게 집중해야 합니다. 그러면 비전을 조직 안에서만 찾는 오류를 범하지 않을 수 있습니다.

무엇이 최선의 결과인가? 이 질문을 선포하고 대답을 제시할 수 있는 사람이 진정한 리더입니다. 반대로 현실에 매몰되어 있거나 근시안적인 비전밖에 갖고 있지 못한 사람이 리더라면 그 조직은 끝난 것이라고 봐야겠지요. 사람을 움직이는 능력도, 조직과 사회를 성장시키는 동기도 모두 비전에서 나옵니다.

리더가 현재보다 훨씬 나은 미래를 제시했을 때 팔로우나 팀원들은 반발할 수 있습니다. 우리 수준에 무슨 소리입니까 하고요. 그러나 현재와 미래 사이에는 언제나 괴리가 있기 마련입니다. 현실과 희망의 격차라고 말할 수도 있겠지요. 어찌 보면 공황 상태처럼 느껴지는 이 간극이 바로 리더가 움직일 공간입니다.

무엇보다 저는 질문하신 분이 지금 하고 있는 일이 누군가는 간절하게 꾸는 꿈이라는 사실을 기억했으면 좋겠습니다. 어떤 사람은 작가가 되려고 밤을 하얗게 새우며 습작하고 있을 겁니다. 우리 모두는 타인이 바라는 꿈입니다.

'평범한 직장에 다니는 샐러리맨에 불과한 내가 누군가에게는 꿈꾸는 대상이라니 말도 안 돼.'

이렇게 생각한다면 누군가는 그 회사에, 그 자리에 들어가고 싶어서 꿈꾸고 있다는 사실을 알아야 합니다. 우리는 누군가에게 영향력을 미치는 사람이므로 더 큰 꿈을 꾸어야 합니다.

제가 생각하는 존경받는 리더는 바로 그런 사람입니다. 내 안의 콘텐츠보다 남에게 줄 수 있는 영향력이 더 큰 사람, 그래서 남에게 갈채를 받기보다 "당신 같은 사람이 되고 싶습니다"라는 말을 듣는 사람. 그것이 진짜 가치 있는 리더십입니다.

04

상대가 마음에
들지 않을 때는

Question

우리 간호사들은
왜 다들 이러는 걸까?

저는 10명의 간호사를 둔 병원장입니다.

글로 자세한 이야기를 하기는 곤란하지만 직원들 때문에 곤혹스러울 때가 많습니다. 개업한 지 몇 년 되었고 그동안 사람을 여러 번 채용해봤기 때문에 제가 원하는 인재가 없다는 것은 알고 있습니다.

친절하다고 좋아했는데 시간관념이 없는 사람도 있고, 칼같이 정확한 면을 보고 채용했는데 예의가 없는 사람도 있습니다. 그런 경우를 보면서 저도 기대치가 많이 낮아졌습니다. 이상적인 직원은 없다는 것을 깨달은 거죠.

그렇다고 제가 무리한 것을 바란다고 생각하지는 않습니다. 친절하고, 예의바르고, 약속 잘 지키고……. 그런 것은 피용자의 기본 아닌가요. 제가 궁금한 것은 채용하는 직원들마다 왜 기본도 안 되어 있느냐 하는 겁니다.

_남성, 46세, 병원장

먼저 관심을 갖고
관계를 만들어야 합니다

우선 질문이 다소 두루뭉술한 편입니다. 질문이 구체적이지 않은 이유가 질문하신 분이 자신의 문제를 인지하지 못해서가 아닐까 조심스레 추측해봅니다. 질문에서 얻을 수 있는 정보가 적기 때문에 일단 두 가지를 명확하게 짚고 넘어가겠습니다.

첫째는 기대치입니다. 직원들이 어떻기를 바라나요? 바꿔 말하면 어떤 직원이 채용되기를 기대하나요? '이상적인 피용자는 없다'는 것을 깨달았다면 친절한 사람과 예의바른 사람과 시간 약속을 잘 지키는 사람 가운데 누가 가장 낫다고 생각하세요?

처음부터 기대치가 분명하지 않을 수도 있습니다. 하지만 막연하고 주관적이더라도 자신이 원하는 바를 나열해보는 것이 좋습니다. 잘 웃는 사람, 할말을 또박또박하는 사람, 언행에 일관성이 있는 사람, 털털한 성격인 사람…… 어떤 것이라도 좋습니다. 그 조건을 모두 만족시키는 직원은 드물겠지만, 일단 여기서부터 시작하는 거예요.

둘째는 불만입니다. 시간을 지키지 않는다, 감정 기복이 심하다, 무뚝뚝하다, 여러 가지가 있겠지요. 짧지만 제게 보낸 질문에도 기대치와 불만이 어느 정도 혼합되어 드러나 있습니다.

그럼에도 불구하고 제가 이 두 가지를 굳이 따로 말씀드리는 이유는 기대치와 불만을 구별해야 하기 때문입니다. 그래야 직원을 나의 기대치에 상응시키기 위해 '내가' 무엇을 해야 하는지 알 수 있습니다.

많은 분들이 '나'를 주어로 생각해야 할 것을 '너'를 주어로 생각합니다. 질문하신 분이 한 '직원들이 왜 이러나요?'를 '내가 직원들에게 어떻게 해야 하나요?'로 바꿔보기로 해요. 만약 자신이 할 일은 없고, 직원이 알아서 바뀌어야 한다거나 바뀌지 않으면 잘라버리겠다고 생각한다면 아무것도 해결할 수 없습니다. 다른 사람을 채용해도 똑같은 문제는 또 생길 수 있으니까요.

말씀하신 대로 고용자의 입장에서 '이상적인 피용자'는 없습니다. 피용자의 입장에서 이상적인 고용자가 없는 것과 마찬가지입니다. 때로는 완벽에 가까운 직원이라도 고용자의 마음에 들지 않을 수 있고, 바로 그렇기 때문에 남보다 나를 먼저 바라봐야 합니다.

질문하신 분은 어떤 직원은 시간관념이 없고 어떤 직원은 감정 기복이 심하다는 것을 알고 있습니다. 그런데 '왜' 그 직원은 시간관념이 없고, '왜' 그 직원은 감정 기복이 심한지 알고 있나요? 물론 단순히 게으르거나 예민한 성격이기 때문일 수도 있겠지요. 하지만 이것은 추측일 뿐 사실은 아닙니다.

저는 사실을 알기 위해 직원과 대화해보기를 권합니다. 자주 지각하는 직원이라면 일대일 면담을 하면서 왜 늦는지 물어보는 거예요. 너무 많은 말을 하지도 말고, 야단치지도 말고, 대화를 하세요. 그렇다고 직원이 처음부터 허심탄회하게 이야기하지는 않겠지요. 하지만 "몸이 좋지 않아서요", "집이 멀어요. 버스 시간도 애매하고요", "퇴근 후에 따로 공부하는 게 있는데 그것 때문에 늦게 자요"……. 이런 식으로 변명이라도 할 겁니다. 그러면 적어도 올바르지 못한 현재 상황을 공유할 수 있습니다. 그리고 이런 대화가 이어지면 문제를 해결하는 데 무엇을 해야 할지 알 수 있습니다.

대화의 물꼬를 텄다면 기대치의 범위를 좁혀나가는 과정이 필요합니다. 그러려면 질문하신 분이 갖고 있는 기대치를 구체적으로 기록하는 것이 좋습니다. 이 과정이 생략되면 직원의 태도가 바뀌어도 고용자는 똑같다고 생각할 수 있습니다.

아마 이 단계에서는 허황된 기대치가 나오지 않을 거예요. 직원들에게도 그냥 '늦었다'가 아니라 '5분 늦었다'라는 식으로 구체적인 상황을 표현하게 하세요. 그런 다음 커뮤니케이션을 통해 문제를 인식하고 해결하려는 노력이 뒤따라야 합니다.

그러나 직원의 태도가 바뀌고 문제가 해결되는 것보다 더 중요한 것은 바로 경영자와 직원이 어떤 관계를 맺고 있는가 하는 것입니다. 이를 위해 해야 할 일은 그렇게 복잡하지 않습니다. 단지 관심을 갖는 거예요. 관심이 관계로 이어지고 관계가 관리로 이어지려면 자신이 해야 할 행동에 계획을 세워야 합니다. 저는 그 계획의 한 방법으로 칭찬과 질문을 추천합니다.

매일 3명의 직원에게 칭찬할 점을 적고, 말로 표현하세요. 처음에는 세 가지를 썼더라도 한 가지밖에 말하지 못할 겁니다. 나머지 두 가지는 가식이기 때문입니다. 하지만 걱정할 필요는 없습니다. 칭찬도 실력이라 늘어납니다. 진심이 늘어나는 거예요.

그리고 가벼운 질문도 해보세요. 출퇴근은 힘들지 않은지, 업무적으로 불편한 건 없는지…… 주의해야 할 것은 똑같은 질문을 또 하지 말아야 한다는 거예요. 우리가 평소에 행할 수 있는 최고의 무관심입니다.

한 가지 덧붙이자면 자신이 먼저 치유 받았으면 좋겠습니다. 직원들의 잘못된 태도로 가장 먼저 피해를 보는 사람은 경영자입니다. 고용인이 왜 힘들어야 하는지 억울하고 속상하니까요. 꾸준히 컨설팅을 받는 것도 좋습니다. 컨설턴트는 충고와 조언을 해주는 어드바이저이면서 힐러, 즉 치유해주는 사람이기도 합니다.

컨설팅을 받을 때 기억해야 할 점은 멀리뛰기를 해야 하는 사람이 자신이라는 것입니다. 컨설턴트는 도움닫기의 발판을 마련해줄 뿐이에요. 고민을 해결하는 사람은 외부에 있는 누군가가 아니라 질문하는 자신과 직원, 쌍방입니다.

05

칭찬으로 마음을 사로잡는
세 가지 기술

Question

직원들을 대하는
다른 방법이 필요합니다

저는 레스토랑을 경영하는 오너 셰프입니다. 사장이면서 주방장이지요. 제가 처음 이 분야에 뛰어들었을 때만 해도 요리는 당연히 도제식으로 배우는 것이었습니다. 주방의 온갖 허드렛일을 도맡아 하고 언어폭력에 가까운 말을 들으면서도 그렇게 배우는게 당연한 줄 알았지요.

언제부터인가 요리사가 셰프라는 말로 대체되더니, 외국의 명문 요리학교를 나온 젊은이들이 쏟아져 나왔습니다. 요즘은 텔레비전이나 잡지에도 젊은 셰프들이 자주 등장합니다. 개중에는 연예인 못지않은 인기를 누리는 이들도 있고요. 그러면서 이 일이 각광받는 직업이 되었더군요.

하지만 텔레비전 등에서 보여주는 외형과 달리 셰프는 참 힘들고 고달픈 직업입니다. 노동환경이 우리나라보다 훨씬 좋은 선진국에서도 마찬가지예요. 스타 셰프가 되면 돈을 많이 벌겠지만, 그런 사람들은 1퍼센트에 불과합니다. 경력이 낮을 때는 대부분 최저임금에 가까운 돈을 받고 하루에 10시간씩 서서 일합니다. 남들 쉴 때 더 많이 일해야 하고, 자기 생활도 없습니다. 흔한 말로 '열정 페이'지요.

게다가 칼과 불을 다뤄야 하는 식당 주방은 뜨겁고 위험한 곳입니다. 가정집의 평온한 부엌과는 완전히 달라요. 상황이 그렇다 보니 오너 셰프들은 직원들에게 무서운 사람일 수밖에 없습니다. 저 역시 주방에서는 소리를 지르고 화를 내고 야단도 칩니다. 군대 사격장에서 교관이 평소보다 더 날카로워지는 것과 같은 이치입니다.

하지만 빈번하게 바뀌는 직원들을 보면서, 사람을 다루는 데 지금까지와 다른 방식이 필요하다는 생각이 자주 듭니다. 어떻게 하면 좋을까요?

_남성, 52세, 레스토랑 대표

Question

제대로 칭찬하는 기술을
알고 싶습니다

얼마 전, 젊은 직원들이 저를 불명예스러운 별명으로 부른다는 것을 알게 되었습니다. 저도 학생일 때 친구들과 함께 선생님에게 짓궂은 별명을 붙이기도 했고, 말단직원일 때는 동기들과 상사를 험담하기도 했으니, 그럴 수도 있다고 생각합니다. 하지만 제게 붙인 별명이 저를 바라보는 후배들의 평가인 것 같아 씁쓸하더군요.

그래서 그동안 제가 직원들을 어떻게 대해왔는지 곰곰이 생각해보았습니다. 돌이켜보니 잘못한 것은 심하게 야단치면서 잘한 것은 딱히 언급한 기억이 없었습니다. 잘했을 때 보상이 필요하고 잘못했을 때 질책이 필요하다면, 저는 한쪽으로만 기울어져 있었던 게 아닌지 반성해봅니다.

요즘은 직원들에게 의식적으로 칭찬하려고 합니다. 잘했다든가, 수고했다든가, 쑥스럽지만 그런 말들을 하려고 노력하고 있어요. 그런데 제가 원체 무뚝뚝한 사람이다 보니 이게 영 익숙해지지 않습니다. 칭찬하는 제가 어색해하니까 듣는 사람도 민망해하더군요. 자녀나 직원에게 칭찬을 잘해야 한다는 말은 들었는데 방법을 도통 모르겠습니다. 어떻게 칭찬하는 게 좋을까요? 지금처럼 그냥 잘했다고 말해주면 될까요?

_남성, 47세, 주류 회사 근무

즉시, 구체적으로, 그리고
가까이에서 칭찬하세요

　두 분의 공통점은 칭찬에 익숙하지 않다는 것이 아닐까 생각해봅니다. 아랫사람이 잘했을 때 외적인 보상을 주는 것도 물론 중요합니다. 승진시켜준다거나 급여를 올려주는 것이 대표적인 예겠지요. 하지만 외적인 보상만으로 사람을 바꾸기는 쉽지 않습니다. 바뀌더라도 근본적으로 바뀌지는 않지요. 그래서 칭찬이나 격려 같은 소통의 능력이 필요합니다.

　'어떻게 칭찬하는 게 좋겠느냐'도 물었는데, 그전에 '왜' 칭찬해야 하는지 생각해봅시다. 혹시 칭찬하는 목적이 보상이라고 생각하지 않나요? 그렇게 생각할수록 자녀나 직원에게 칭찬을 자주 하지 않습니다. 흔한 보상은 가치가 없다고 생각하기 때문이지요. 물론 그럴 수 있습니다. 모든 사람에게 우등상을 주면 그건 우등상의 의미가 없지요. 흔해지고 많아지면 빛이 바래는 것들도 있는 법입니다.

　하지만 칭찬은 그렇지 않습니다. 칭찬의 목적은 보상이 아니라 변화이기 때문입니다. 칭찬을 하지 않거나 못하는 사람들은 칭찬의 본질을 잘못 이해하고 있는 경우가 많습니다. 하지만 내가 저 사람을 인정하고 격려함으로써 그가 좋은 방향으로 바뀔 수 있다면 절대 칭찬에 인색할 필요가 없겠지요. 그럼 칭찬하는 방법 세 가지를 말씀드릴게요.

　첫째, 즉시 칭찬하세요. 누군가 칭찬받을 만한 일을 했다면 그 자리에서 곧바로 말해야 합니다. 시간이 지난 뒤 아무리 잘했다고 말해봤자 그 당시에 말하는 것만 못해요. 칭찬의 효과는 시간이 지남에 따라 소멸합니다. 사소한 것이라도 잘한 것이 보이면 머뭇거리지 말고 말하세요.

"이 대리, 책상 정리를 깔끔하게 잘했네."

"박 대리, 자료 준비를 참 열심히 했구먼."

칭찬을 빨리 하는 것만큼 질책을 천천히 하는 것도 중요합니다. 잘 한 것과 잘못한 것이 동시에 보인다면 잘 한 것을 먼저 말하고, 잘못한 것은 나중에 말하세요. 이것도 '긍정'과 '자극'이 이어지는 '예, 하지만(Yes, but) 화법'의 일종입니다.

둘째, 구체적으로 칭찬하세요.

"김 대리, 아까 프레젠테이션에서 관련 제품 비교는 예리하고 신상품 기획은 참신하더군. 준비하는 데 무척 고생이 많았을 것 같네. 훌륭한 프레젠테이션이었어."

이게 칭찬입니다. 대충 싸잡아 "잘했어", "수고했어", "좋아"라고 말하는 건 칭찬이 아니에요. 이런 식으로 말하면 듣는 사람은 늘상 하는 말이라고 생각해서 한 귀로 듣고 한 귀로 흘려버리지요.

제가 진행하는 부모 자녀 세미나가 있습니다. 그런데 이 세미나에 나오는 부모님들 중 아무리 노력해도 아이가 달라지지 않는다고 말하는 분들이 있어요. 하지만 부모가 바라는 모습을 아이가 보여주었을 때 즉각적으로, 구체적으로 칭찬하면 아이는 달라집니다. 아이는 부모의 말을 통해 자신의 어떤 점이 인정받는지 알게 되고, 그 행동을 반복하기 때문이에요. 그런 일들이 쌓이면 결국 큰 틀에서 변화가 생기고요. 아이뿐 아니라 부하직원이나 후배도 마찬가지입니다.

셋째, 가까이에서 칭찬하세요. 사무실에서 저 끝에 앉아 있는 직원에게 "어이, 그거 좋네"라고 말하는 게 아니라 일단 불러서 마주보고 앉으세요. 이것은 앞서 말한 '구체적으로 칭찬하기'와도 관련이 있습니다. 멀리 있는 사람과 자세한 이야기를 하기는 어렵지요? 그래서 칭찬할 때는 물리적인 거리도 중요합니다.

칭찬은 남들 앞에서 하고 지적은 일대일로 하라는 말, 누구나 알고 있습니다. 가끔 칭찬받을 사람이 그 자리에 없을 수도 있습니다. 그럴 때는 다른 사람에게 칭찬을 전달하세요. 다른 사람을 통해 칭찬하면 당사자에게 직접 칭찬하는 것보다 효과가 배로 늘어납니다. 한 사람이 나를 인정하는 것보다 많은 사람들이 함께 인정하면 더 기쁘지 않을까요. 공개적으로 칭찬하고 은밀하게 지적하는 것도 아랫사람의 마음을 얻는 일입니다.

즉시 칭찬하세요. 구체적으로 칭찬하세요. 가까이에서 칭찬하세요. 칭찬은 승진하는 것만큼, 연봉이 오르는 것만큼 직원들의 기를 살려주는 일입니다. 칭찬은 변화하기 위해서고, 변화를 안겨주는 사람이 진정한 리더입니다. 그리고 그 과정에서 누구보다 리더 자신이 성장합니다. 변화의 진짜 수혜자는 변화된 사람이 아니라 변화하게 해준 사람이니까요.

06

최강 팀워크를 만드는 힘
'따로 또 같이'

팀원들을 다루는 데
애를 먹고 있습니다

대규모 인사이동 후 개발부의 팀장으로 새롭게 일을 시작했습니다. 예전 부서에서도 팀장으로 일했지만, 물품과 시설 등을 관리하는 부서라서 팀워크가 성패를 가르는 곳은 아니었어요.

그런데 이번 팀에서는 팀원들과의 협업이 무엇보다 중요하다는 것을 체감하고 있습니다. 하나의 아이디어를 위해 모두의 합이 맞아떨어져야만 최대의 성과를 낼 수 있고, 제품 하나를 시장에 내놓기까지 타 부서와의 커뮤니케이션도 매우 중요합니다. 그야말로 팀워크에 따라 성과와 평가가 좌우되는 곳이죠.

처음 이 부서에 배치되었을 때는 팀원들과의 관계를 다지려고 술자리도 많이 가졌어요. 그러면서 개개인의 의견을 듣고 존중하려고 노력했어요. 충분히 시간을 두고 개인적인 신뢰를 보여주면 전체 팀워크에도 도움이 될 거라고 생각했죠.

　그런데 이게 지금은 오히려 역효과인 것 같습니다. 수많은 의견들을 다 신경 쓰고, 팀원들과 가까워지면 가까워질수록 서로 감정이 상하는 일도 생깁니다. 팀원들을 존중하고자 했던 좋은 의도가 지금은 팀원들을 컨트롤하는 데 걸림돌이 된 셈이에요. 그러다 보니 의사결정에도 애를 먹고요.

　심지어 제게 친밀감을 느낀 나머지 공과 사를 구분하지 못하는 사람도 있습니다. 반대로 열정적으로 자신의 일에 몰두하는 팀원들은 개인의 성과에 연연한 나머지 팀 전체의 분위기를 흩트리는 경우도 있어요. 뭔가 첫 단추부터 잘못 끼웠다는 생각이 들면서, 어디서부터 팀을 정비해야 할지 걱정이 됩니다.

_남성, 38세, 외식 프랜차이즈 회사 근무

Answer

함께하되 각자 하고,
성취하되 조금만 더

　팀이 깨지는 이유는 그야말로 다양합니다. 팀원들이 각자의 역할을 모를 때, 팀의 미션과 사명을 이해하지 못할 때, 개인의 자존심을 너무 많이 드러낼 때 등이 있겠죠. '팀원들과의 관계를 다지려고 술자리를 많이 가졌다'라고 했는데, 저는 오랜 시간 코칭을 하면서 술자리에서 팀워크가 깨지는 경우를 비일비재하게 봤습니다. 어떤 분들은 말합니다. 술을 마시면 사람이 솔직해지기 때문에 팀의 화합에 술자리는 꼭 필요하다고요. 하지만 제 생각에 솔직함은 오히려 위험합니다. 팀워크에 진짜 필요한 것은 속내를 드러내는 솔직함이 아니라 신뢰를 지키는 정직함입니다.

그럼 술자리에 의존하지 않고 최강의 팀을 꾸리려면 어떻게 해야 할까요? 'TEAM'를 이용해 네 가지 방법을 말씀드리겠습니다.

T는 '함께'를 의미하는 'together'입니다. 팀의 존재 이유는 회사입니다. 회사에서 요구하는 것이 개인의 목소리보다 중요합니다. 다시 말해 '나의 목소리'가 아니라 '모두의 목소리'가 중요한 거죠. 물론 일에 애착하는 것은 개인이 갖고 있는 욕구에서 시작됩니다. 일에 대한 열정, 즐거움, 의미, 실력, 그 모든 게 욕구에서 나오죠. 문제는 본인의 생각을 강하고 무리하게 표현하면서 다른 사람들과 쓸데없는 논쟁을 일으키는 것입니다. 개인의 생각이 지나치게 개입되어 팀워크가 깨지는 경우죠.

이런 상황에서 리더는 개인을 설득하고 위로하는 데 시간과 에너지를 허비합니다. 당사자의 입장에서는 리더가 자신의 이야기를 들어주니까 대접받는 느낌도 들고 만족감도 느낄 수 있겠죠. 하지만 팀 전체로 보면 이것은 손실입니다. 개인이 하는 일이 팀 전체의 미션에 부합할 수 있도록 만들어야 합니다.

E는 '각자'를 뜻하는 'each'입니다. '함께'를 강조하다 보면 팀에 묻어가는 개인이 생겨날 수 있습니다. 회사를 경영하는 어느 지인이 '이 조직에 뼈를 묻겠다'고 말하는 지원자는 절대 채용하지 않는다고 말했던

기억이 납니다. 왜일까요?

'젖은 낙엽'이라는 말이 있지요. 그런 사람은 아무리 쓸어도 쓸리지 않고, 아무리 불어도 날아가지 않는 낙엽과 같습니다. 뼈를 묻을 행동밖에 하지 않아요. 자신의 존재감이 드러나지 않기 때문에, 있는 듯 없는 듯 그냥 팀에 붙어서 안전하게만 가는 거예요. 조직에 전혀 보탬이 되지 않지요. 일에 대한 성과는 각 개인의 노력에서 비롯됩니다. 개인의 역할이 중요한 까닭입니다.

A는 'achieve'로 '성취'를 말합니다. 성취하려면 역할에 따른 목표를 가져야 합니다. 개인의 목표의식이 부족하면 팀 전체의 성과가 평균적으로 하향곡선을 그립니다. 다른 사람에게 묻어가면서 자신의 성과를 소홀히 할 때 이런 상황이 발생하죠.

학교를 예로 들면, 모든 학생들이 반에서 1등을 할 필요도 없고, 그럴 수도 없습니다. 하지만 기본적으로 학생에게는 공부를 해야 할 의무가 있어요. 그게 역할이니까요. 그런데 자신의 역할을 등한시하고 공부를 하지 않는다면 그 사람은 학생으로서 개인적인 성과를 낼 수 없는 동시에 반 평균 성적까지 깎아내리고 맙니다.

팀 전체의 미션을 성취하려면 각자가 방향을 잘 잡아야 합니다. 그리고 여기에서 리더가 할 일은 방향을 설정하고, 조정하고, 피드백하는 것입니다. 일이 어디로 가고 있는지, 또는 어떻게 가고 있는지 짧게 끊어서 확인해야 합니다.

마지막으로 M은 'more'입니다. 최선에 근접하려면 각 팀원들이 '조금씩 더' 해야 합니다. 이것은 리더의 구체적인 실행 방안이라기보다는 개인의 열정과 자부심을 키우는 데 필요한 조건입니다.

갓 들어온 신입사원은 보통 복사를 하거나, 전화나 이메일 연락 업무를 맡습니다. 얼핏 사소한 일처럼 보일 수 있지만, 그 일을 맡은 사람은 오류나 누락이 생기지 않도록 최선을 다해야 합니다. 설령 주변에서 그 업무를 별 것 아닌 일로 취급한다 해도 자신은 그러면 안 됩니다. 아무리 작은 일이라도 조직에 치명적인 문제가 될 수 있다는 마음가짐으로 해야지요. 팀장이라는 위치에 있다면 팀원들 각자가 가진 역할의 중요성을 강조하고 자부심을 갖도록 북돋아줘야 합니다.

개인적으로 제가 봤던 좋은 팀들은 의사소통이 잘 되는 공통점을 갖고 있었습니다. 의사소통이란 미완성인 어떤 일의 전 과정을 공유하면서, 서로를 믿고 처리하는 것입니다. 중간 과정에서부터 팀의 생산성과 리스크를 보완하는 것이 습관화되어 있는 팀들은 내부는 물론이고 외부적으로도 팀워크의 우수성이 노출되기 마련입니다. 그리고 이런 의사소통은 혼자 걷되 함께 오르고, 각자 땀을 흘리지만 함께 정상에 오를 때 시작됩니다. 함께 하면서도 각자 하고, 그 안에서 성취하되 조금만 더. 이 네 가지 조건에서 말이에요.

07

중요한 것은
대화의 매뉴얼

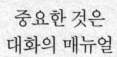

자네는 왜 나서지 않고
시키는 일만 하는 건가 ?

　10년 넘게 직장생활을 하다가 작년에 제 사업체를 차렸습니다. 규모는 크지 않지만 제 사업을 하는 게 오랜 꿈이었기 때문에 의욕적으로 시작했지요.

　사실 회사에 다닐 때는 사장들이 참 편하겠다고 생각했습니다. 일의 결정권을 쥐고 있고, 일이 잘 되었을 때는 거기에 따른 성과와 명예도 취하고, 업무도 비교적 자유롭고요.

　물론 경영자의 역할을 쉽게만 생각한 건 아닙니다. 어려운 결단도 혼자 해야 하고 거기에 따른 책임도 오롯이 져야 하니까요. 하지만 빠듯한 월급을 받고 과중한 업무에 시달리는 사원에 비하면 훨씬 낫다고 생각했던 게 사실입니다.

　어느 정도 예상했지만 제가 사장이 되어 보니 어렵고 난감한 일이 한두 가지가 아닙니다. 사람 다루는 일이 가장 어렵다고들 하던데, 저도 직원들이 제 생각처럼 움직여주지 않을 때 힘이 빠집니다. 그중에서도 제일 답답한 부류는 응용력과 창의성 없이 시키는 일만 하는 직원이에요.

예를 들어 복사를 해오라고 지시하면 복사물만 책상에 덜렁 올려놓습니다. 제가 생각하는 복사 업무란 복사를 한 뒤 내용과 날짜 등에 따라 깔끔하게 분류하고, 스테이플러로 찍거나 제본을 해서 보기 좋은 형식을 만든 다음에, 커버를 씌워 가져다주는 것인데 말이에요.

시키는 일만 꼬박꼬박 하고 있는 직원을 보면 '왜 그렇게 센스가 없을까?' 하는 생각에 울화통이 터집니다. 사람을 채용할 때마다 제 나름대로 고르고 고르는데도 자꾸 이런 상황이 반복되니 요즘은 '내가 사람 보는 눈이 없나?' 하는 자책감마저 들어요. 학벌이 좋은 사람을 뽑아도, 스펙이 좋은 사람을 뽑아도 막상 일을 시켜보면 센스가 없는 경우가 너무 많습니다. 자기가 맡은 업무를 어떻게 처리해야 효율적일지 응용력도 창의성도 없는 것 같아요.

이런 직원에게 저는 업무의 전 과정을 일일이 다 가르쳐줘야 할까요? 유능할 거라고 기대했던 사람이 왜 자꾸 실망감을 주는 걸까요? 계속 이런 일이 생긴다면 그 직원을 해고해야 할까요?

_남성, 40세, 마케팅 회사 대표

응용력과 창의성이 아니라
방법을 모르는 것뿐

사람을 채용한 뒤 그 사람을 어떻게 가르쳐야 할지 고민하고 있군요. 그중에서도 기대치에 미치지 못하고 시키는 일만 하는 직원 때문에 많이 답답하고요.

일단 그 직원을 응용력과 창의성이 없다고 단정 짓지 맙시다. 단지 '그 직원'과 '그 일'이 맞지 않는 것일 수도 있습니다. 채용자의 기질과 업무의 패턴이 맞지 않는다면 그것은 누구의 책임일까요? 회사의 책임입니다. 사람을 잘못 뽑는 실수를 저지른 거니까요.

하지만 기왕에 뽑았다면 누군가는 책임지고 그 사람을 바꿔야 합니다. 즉 '이 사람을 해고하느냐'의 문제보다 '이 사람을 어떻게 바꾸느냐'가 더 중요한 거지요. 그 사람을 해고하더라도 마음에 들지 않는 사람은 또 채용될 수 있고, 그때마다 해고라는 극단적인 방법을 선택할 수는 없으니까요.

먼저 그 직원이 왜 그럴까 생각해봅시다. 이유는 둘 중 하나입니다.

첫째, 감정의 문제입니다. 사실은 직원도 복사를 한 뒤 보기 좋게 정리해서 가져다줘야 한다는 것을 알고 있습니다. 하지만 상사가 싫기 때문에 알면서도 하고 싶지 않은 거예요. 어떤 이유 때문인지 알고 싶다면 그 직원의 다른 행동을 관찰해보세요. 질문을 했는데 짧게 대답하거나, 대화를 할 때 상대방과 시선을 마주하지 않는 등 어떤 식으로든 태도에 드러날 겁니다. 이런 상황이라면 복사가 아니라 더 간단한 일, 예를 들어 커피를 갖다 달라고 해도 마찬가지입니다. 속된 말로 '엿 먹어라' 하는 심정으로 커피를 물에 타 오지 않고 커피믹스를 봉투째 놓고 갈 수도 있는 거죠. 감정이 문제라면 역시 감정으로 풀어야 합니다.

둘째, 어떻게 해야 하는지 모르는 겁니다. 응용력과 창의성이 없는 게 아니라 노하우를 모르는 것뿐이에요. 이것은 '케이스 바이 케이스'로 알려줘야 합니다. 만약 상사가 이렇게 말했다고 칩시다.

"대학도 나왔으면서 어떻게 이것밖에 못 해?"

그러면 직원은 두 가지 생각을 할 겁니다.

'그런 말을 하다니, 불쾌하네.'

'그럼 처음부터 그렇게 말해주지 왜 일을 시켜놓고 비판하는 거야?'

이 두 가지 생각이 합쳐지면 다시 첫 번째 단계, 즉 감정적인 문제로 되돌아갑니다. 그 직원은 속으로 투덜거릴 겁니다.

'시킨 일을 하지 않은 것도 아니고 단지 내가 해온 일이 자기 마음에 들지 않았을 뿐인데 왜 저렇게 심하게 말하는 거지?'

상황이 그럼 감정상의 문제로 흐르지 않으려면 어떻게 대화해야 할까요?

"내가 자네에게 뭘 해오라고 했나? 복사해오라고 했지? 다음부터는 복사해오라고 하면 내용을 분류하고 스테이플러로 찍어서 커버를 씌어 오게. 그 단계까지 마무리하는 게 복사해오라는 지시일세."

이렇게 말해야 하는 이유는, 내가 뽑은 사람이 내가 생각하는 좋은 인재가 될 수 있도록 '업무 매뉴얼'을 만드는 게 상사의 역할이기 때문입니다. '복사 업무'가 이와 같은 순서로 체계화된다면 신입사원에게 복사 업무를 지시할 때 이런 순서를 밟아야 한다고 알려줄 수 있지요. 그렇지 않다면 많은 신입사원들이 상사의 기대와는 달리 복사 업무는 복사만 하는 것이라고 생각할 수 있습니다.

자녀와 대화를 할 때도 마찬가지입니다. '공부해라'라는 말은 자녀가 실행하기 어려운 지시입니다. '공부해라'라는 지시를 '영어 단어장 정리 했니?', '수학문제 몇 번까지 풀었니?'로 바꿔보세요. '공부'라는 포괄적인 단어를 썼을 때, 부모가 생각하는 공부와 자녀가 생각하는 공부는 전혀 다를 수 있습니다. 그리고 공부에 서로 다른 개념을 갖고 있다면 자녀는 부모의 기대와 동떨어진 결과물을 내놓을 겁니다.

좋은 대학을 나왔다고, 스펙이 많다고 일을 잘하는 것은 아닙니다. 공부의 노하우와 업무의 노하우는 완전히 다릅니다. 오히려 일을 잘하고 못하고는 마음가짐의 문제이지요. 하지만 마음가짐이라는 말은 불명확한 개념입니다. 모호하기 그지없는 마음가짐 대신 '몇 시에 출근한다', '몇 시에 퇴근한다', '어떻게 보고한다' 등의 구체적인 약속이 필요합니다. '좋은 대학을 나왔는데 왜 일을 제대로 하지 못할까?'라는 말은 '내가 낳은 아이가 어떻게 내 마음을 몰라줄까?'라는 말과 같습니다.

예전에 제 딸아이가 저한테 이렇게 물었습니다.

"아빠, 효도가 뭐야?"

저는 이렇게 대답했습니다.

"효도란 엄마 아빠한테 존댓말을 쓰는 거야."

"난 존댓말 쓰지 않으니까 효도하지 않고 있는 거네?"

"그렇지."

"그럼 존댓말 쓰면 다 효도하는 거야?"

"그게 다 효도는 아니지. 하지만 여러 가지 효도 중에서 네가 당장 할 수 있는 가장 쉬운 효도는 존댓말을 쓰는 거란다."

아이가 생각할 때 효도라는 말은 이해하기 어려운 개념이었을 겁니다. 하지만 저는 딸이 실천할 수 있는 행동을 효도라고 가르쳐주었습니다. 부모가 명확하게 말하면 아이는 부모의 생각을 알 수 있습니다. 직원도 마찬가지고요.

물론 모든 상황을 다 매뉴얼로 만들 수는 없습니다. 매뉴얼은 어떤 상황이 닥쳤을 때를 대비하는 최소한의 노력일 뿐 완전하거나 완벽한 것이 아닙니다. 그래서 서로 오해가 없도록 회사 안에서 명확하게 대화하는 문화를 만들어나가야 합니다. 중요한 것은 복사의 매뉴얼이 아니라 대화의 매뉴얼입니다.

08

이직, 막지 말고
줄이는 데 애쓰자

Question

직원이 자주 바뀌는 건
누구 탓일까?

저는 유기동물을 구조하는 비영리 민간단체의 대표입니다. 몇 년 전만 해도 다른 생업이 있었고 그저 제가 좋아서 기회가 닿을 때마다 버려진 동물을 구조했는데, 어쩌다 보니 단순한 봉사 차원을 넘어 제 남은 생을 모두 걸고 이 일에 뛰어들었습니다. 예전에 하던 일보다 여러 가지로 어려움은 많지만, 사람이나 동물이나 생명을 살리는 일은 그만한 가치가 있다고 생각하기 때문에 후회는 없습니다.

처음에는 뜻이 맞는 봉사자들과 함께 봉사단체 수준으로 일했지만, 비영리 민간단체로 등록하고 오프라인 센터가 생기면서 조금씩 규모가 커졌습니다. 회원들의 후원금으로 운영하다 보니 늘 재정난에 시달리지만, 적은 월급을 받고도 의미 있는 일을 함께해주는 직원들이 있어서 항상 든든하고 고맙습니다.

하지만 초창기부터 함께해 온 직원이 있는가 하면, 들어온 지 얼마 되지 않아 이직하는 직원도 있습니다. 입사할 때는 동물이 좋아서, 또는 가치 있는 일이라 여겨서 들어오지만 생각보다 일이 고달프거나, 중간관리자와 충돌이 있거나, 함께 일하는 사람들과 트러블이 있는 등 여러 가지 이유가 생기는 거지요.

조직 성격상 사람을 구하는 일이 까다롭다 보니 직원들이 떠날 때마다 물리적으로나 감정적으로 에너지 소모가 큽니다. 최소한의 인원으로 많은 일을 하다 보니 한 사람이 빠져나갈 때마다 남은 사람들이 감당해야 할 공백도 크고요. 얼마 전에는 특히 신임했던 직원이 그만둔다고 해서 몹시 허탈하더군요.

_여성, 50세, 동물보호단체 운영

직원이 이직하는 이유는
다양하고 상대적입니다

이직은 좋다 나쁘다 말할 수 있는 것은 아니지만 경영자 입장에서 난감한 건 사실입니다. 직원들의 이직을 막는 것이 조직 관리에 보탬이 되기도 하고요. 하지만 아무리 큰 기업도 이직이 많습니다.

아무리 이직이 잦은 회사라 해도 모든 직원들이 이직을 원하는 건 아닙니다. 경영자도 인적 자원의 수요와 공급을 맞춰야 하니 직원의 이직이 무조건 손해는 아니고요. 또 이것은 경영자 입장에서 통제가 불가능한 것이기도 합니다. 원하는 직원만 남고 그렇지 않은 직원이 나가는 것은 이상일 뿐이지요. 이 문제를 해결하기 위해 세 가지 생각을 나눠보겠습니다.

첫째, 역으로 생각하세요. 어떤 직원이 왜 이직하려고 하는지 아는 것보다 어떤 직원이 왜 남아 있는지 아는 게 더 중요합니다. 남아 있는 직원은 회사의 비전, 문화, 급여 등이 마음에 들기 때문에 그렇겠지요. 반면에 이직하는 사유는 각양각색입니다. 또 상대적이기도 합니다. 어떤 사람은 급여 때문에 이직을 고려하지만 어떤 사람은 급여가 만족스러워 열심히 일할 겁니다. 따라서 누군가 급여 때문에 떠났다고 해서 남은 직원들의 급여를 올려주는 것이 이직을 막는 방법은 아닌 거죠.

오히려 직원들이 왜 이직하는지에만 집중하다 보면 경영자를 비롯한 관리자들이 먼저 우울증에 걸릴 겁니다. 이제는 거꾸로 생각해보는 것은 어떨까요? 나가는 직원이 아니라 나가지 않는 직원과 면담을 해보세요. 그들이 왜 조직에 남아 자신의 업무를 충실히 하는지 안다면 적어도 남아 있는 직원들 사이에서 이직 물결을 잠재울 수는 있습니다. 그렇게 회사의 문화, 비전을 비롯한 강점을 견고히 다지는 거예요.

둘째는 관리자급 직원들과 소통하는 일입니다. 사실 일반 직원이 회사를 떠나는 건 중간관리자의 책임도 클 것입니다. 일반 직원과 관리자 사이에 서로 맞지 않는 요소가 있을 수 있어요.

회사 내에서 어느 정도 위치에 오르고 나면 자신의 의견이 강해지며 욕심이 생깁니다. 이것은 열정일 수도 있지만 자기만의 틀일 수도 있습니다. 이런 경우, 관리자와 회사의 상이한 가치관 사이에서 일반 직원은 혼란을 느끼고 이직을 결심합니다. 회사와 맞지 않는 것이 아니라 중간 관리자와 충돌하는 것이지요. 그렇기 때문에 경영자는 관리자들이 자신의 의식을 전면에 내세우기보다 회사의 핵심가치를 최우선에 둘 수 있도록 주기적으로 교육할 필요가 있습니다.

마지막으로, 핵심 인재를 집중적으로 관리해야 합니다. 물론 열 손가락 깨물어 아프지 않은 손가락이 없지만, 성과 중심으로 생각했을 때 회사에 가장 치명적인 것은 핵심 인재들이 떠나는 것입니다. 회사 입장에서는 속수무책으로 손실을 감당해야 하니까요. 평소에 경영자가 핵심 인재들과 자주 커뮤니케이션을 갖는 것도 방법입니다. 그들은 많이 배운 만큼 인정받고 싶어합니다. 답은 간단하죠. 아낌없이 인정해주면 됩니다.

천문학적인 몸값을 자랑하는 해외 스포츠선수들이 있지요. 그들은 엄청난 연봉을 받고 수십 년 간 앙숙이던 경쟁 팀으로 이적하는 경우가 비일비재합니다. 이것도 스포츠계의 이직문화인 셈이에요. 그런데 가끔 수천억 원의 유혹을 뿌리치고 현재 팀을 지키는 선수들이 있습니다. 그들에게 돈보다 더 중요한 것은 오랫동안 자신이 몸담았던 팀의 성공, 자신을 응원하고 인정한 구단주와 팬들입니다. '저' 팀이 아니라 '이' 팀에서 영웅이 되는 일을 값지게 생각하는 것입니다.

경영자와 핵심 인재 사이에 끈끈한 관계가 형성되면 향후에 다른 곳에서 좋은 조건이 주어져도 그들이 회사를 배신할 가능성이 줄어듭니다. 물론 다른 직원들 사이에 위화감이 조성되지 않도록 전체적으로 고르게 커뮤니케이션을 하면서 경영자와 직원의 소통이 하나의 문화가 되도록 노력해야겠지요.

이직은 막아야 하는 것이 아닙니다. 줄여야 하는 것입니다. 이성 관계에서도 한 번 헤어졌던 사람과는 또 헤어진다고 하지요. 그 사람과 왜 헤어졌는지 생각하는 것은 아무 의미가 없습니다. 현재 사랑하는 사람과 늘 새롭게 사랑하는 것이 가장 좋은 연애입니다. 그처럼 지금 있는 직원들이 회사에 만족할 수 있도록 노력해야 합니다.

09

그를 인정하되
나만의 원칙을 세워야

능력이 우수한 직원을
대하기가 너무 불편합니다

저는 제품디자인을 하는 회사의 개발팀에서 팀장으로 근무하고 있습니다. 고졸에다 스펙도 없었지만 정말 최선을 다해서 여기까지 올라왔습니다.

얼마 전 관련 업체 사장님과 술자리를 가졌는데, 그분이 어느 학교를 나왔느냐고 묻더군요. 그래서 솔직히 대답했지요. "○○상고 나왔습니다" 하고요. 그분이 깜짝 놀라면서 저한테 그러더군요. 고졸 출신으로 저보다 학벌과 스펙이 높은 사람들을 팀원으로 잘 이끌어가고 있으니 대단하다고요.

저도 스스로 참 잘해왔다고 생각합니다. 그래서 그분처럼 저를 있는 그대로 인정해주는 사람을 만나면 기분이 좋습니다. 하지만 제 안에 여전히 일말의 열등감이 남아 있는 걸까요. 학벌과 스펙이 좋은 부하직원들을 대할 때 어떤 리더십을 발휘해야 상사로서 존경받을 수 있을까 고민합니다.

아랫사람일 때는 악착같이 성과를 내서 상사들에게 인정받을 수 있었지만, 오히려 아랫사람을 대하는 건 좀 불편하네요.

_남성, 37세, 디자인 회사 근무

특정한 강점이 있더라도
한계가 있기 마련입니다

고민 내용으로 봐선 매우 겸손한 분일 듯합니다. 종합적으로 보면 팀원들보다는 팀장이나 리더가 더 우수할 겁니다. 경력이나 경험이 더 많으니까요. 반면 팀원들은 영어를 잘한다거나, 학벌이나 언변이 좋거나, 특정한 강점이 있더라도 총체적으로는 경험의 한계에 부딪히는 일이 많지요.

어떤 팀원이 나보다 우수한 모습을 보일 때 잘못된 방식으로 통제하면 권위적으로 찍어 누르거나 강압적으로 윽박지르는 모양새가 될 수 있습니다. 그러면 아랫사람은 당황스럽고 윗사람은 불편하니 윈윈이 안 되겠지요.

남자분이니 잘 알겠지만, 군대에서 고참이 나보다 어리다고 만만하게 대할 수 있나요? 설령 속으로는 그렇게 생각하더라도 겉으로 표현할 수는 없지요. 마찬가지로 회사에서도 아랫사람은 자신이 상사보다 나은 점이 있어도 상사를 함부로 대하지 못합니다. 엄연히 직급이 존재하니까요. 그런데 면전에서는 아니더라도 간혹 이런 태도를 보이는 사람도 있겠지요.

"우리 과장님, 영어를 이것밖에 못하네?"

"우리 팀장님, 알고 보니까 학벌이 나보다 떨어지더라."

물론 이런 태도는 일차적으로 그 직원의 잘못입니다. 하지만 특별히 그 직원이 건방지다거나 교만하다고 단정 짓지는 맙시다. 사람은 누구나 이런 생각을 할 수 있습니다. 속으로는 말이죠. 겉으로 드러내거나 드러내지 않거나 그 차이뿐이에요.

그럼 이런 경우를 포함해서 어떻게 해야 존경받는 리더가 될 수 있을까요? 세 가지로 말씀드리겠습니다.

첫째, 관계입니다. 그 직원에게 계급장 떼고 인간적으로 다가가세요. 여기까지 이야기하면 '아, 그럼 오늘 그 직원이랑 한잔해야겠네'라고 생각하겠지요? 하지만 술자리만으로는 관계가 돈독해지지 않습니다.

일반적인 경우 상사는 불편한 대상이지만, 그럼에도 불구하고 그 사람이 나를 '알아줄' 때 나는 그 사람을 존경합니다. 여기서 '알아준다는 것'은 상대의 약점, 갈등, 한계, 스트레스를 알아주는 것, 즉 관심입니다. 직원이 어떻게 출퇴근하는지, 조직 안에서 갈등하지 않는지, 그가 현실과 이상 사이에서 괴리감을 느끼는 것은 뭔지를 아는 거예요. '내가 왜 그런 것까지 알아야 돼?'라고 생각하는 대신 관계에서 '성의'를 보여야 합니다.

중국에서 일할 때, 저는 정부와 관계 맺는 것을 잘했습니다. 보통 사람들은 제가 중국어를 잘해서 그들과 관계 맺기가 쉬웠을 거라고 생각하지만 그렇지 않아요. 예를 들어 정부기관에 있는 누군가에게 담배를 선물한다고 칩시다. 저는 담배를 피우지 않아 잘 모르지만, 우리나라에도 담배 종류가 많이 늘어났지요? 중국은 담배 종류가 훨씬 많아요. 무지무지 다양해요.

그럼 그 많은 담배들 중에서 뭘 사다 줘야 할까요? 고급 담배? 가장 비싼 담배? 아닙니다. 그가 평소 피우는 담배를 건네는 겁니다. 그러려면 그가 일하는 사무실에 갔을 때, 아무도 없는 틈을 이용해 그의 책상에 놓인 재떨이라도 한번 뒤져봐야지요. 이것이 관계의 성의입니다.

성의를 보이는 또 하나의 방법은 질문입니다. 보통 팀장님들이 팀원들과 사적인 자리에 있을 때, 가장 많이 하는 것과 하지 않는 것이 뭘까요? 가장 많이 하는 것은 자기 이야기이고, 하지 않는 것은 질문입니다.

"내가 신입사원이었을 때는 말이야……."

"내가 대리였을 때……."

팀장님들은 이런 옛날이야기를 그만두고 질문을 하세요. 자녀들과 대화할 때도 마찬가지입니다.

"아빠가 너만 했을 때 말이야……."

"아빠가 군대에 있을 때 어떤 일이 있었느냐 하면……."

아이들은 이런 이야기를 듣고 싶지 않습니다. 결국 아빠만 보면 도망가겠지요.

질문은 상대가 진짜 하고 싶은 이야기를 끄집어내는 일입니다. 어떤 직원이 회사는 수원인데 집이 의정부라면, 그 직원은 출퇴근하느라 몹시 힘들겠지요? 그것을 물어보세요. 출퇴근하는 데 얼마나 걸리는지, 뭘 타고 다니는지를.

그리고 나서 가볍게 공감하세요.

"저런, 많이 힘들겠구먼. 그래도 그 시간에 나오면 앉아서 올 수는 있나?"

상대방의 문제와 갈등을 알고 공감한 뒤 함께 고민하는 것, 그것이 관계입니다.

둘째, 강점을 인정하는 것입니다. 예전에 어떤 팀장님이 저한테 이런 말을 했습니다. 팀원 중에 영어를 잘하는 사람이 있는데, 자기는 그 직원에게 영어를 잘한다고 칭찬하지 않는대요. 왜 그러느냐고 물었더니 그 직원을 위해서라고 합니다. 영어는 잘하지만 예의가 없기 때문에 예의가 없다는 문제점만 이야기한다고요. 하지만 그건 아니지요. '예(yes)'와 '하지만(but)'으로 말하면 더 좋지 않을까요.

"자네, 영어를 참 잘하더군. 높은 수준의 외국어를 구사하는 게 쉬운 일이 아닌데 정말 열심히 했나 보군. 그런데 한국어의 경어 사용도 어렵지? 경어 표현이 서투른 것 같으니 내가 가르쳐줄게."

아까 질문과 연관해서 강점을 질문하는 것도 좋겠지요.

"어쩌면 그렇게 외국어 능력이 탁월하지?"

"어떻게 하면 자네처럼 운동을 잘할 수 있나?"

강점을 먼저 인정한 뒤 약점을 보완해주면 사람들은 의외로 쉽게 마음을 엽니다.

셋째, 원칙을 지켜야 합니다. 원칙은 남에게 지키라고 강요하는 게 아니라 내가 지키는 것입니다. 앞에 말한 두 가지, 관계를 맺고 강점을 인정하는 동시에 어떤 상황에서도 뚜렷하게 지켜야 하는 게 원칙이지요.

질문하신 분처럼 팀장이 되면 팀 안에서 일어나는 일들에 의사결정을 해야 할 순간이 많을 겁니다. 이때 흔히 하는 오류가 경험을 내세우는 것입니다. 하지만 경험이 아니라 원칙에 근거해서 결정해야지요.

혹시 우유부단하고, 자기 경험에 의존해서 결정하고, 상황에 따라 달라지는 리더 밑에서 일했던 경험이 있나요? 이런 리더는 직원들을 힘들게 할 뿐 아니라 새로운 성과도 낼 수 없고 동기 부여도 할 수 없습니다. 원칙 중심의 리더십은 어찌 보면 가장 어려운 일일지 모릅니다. 하지만 가치가 있는 원칙을 갖고 있으면 당장은 불편하더라도 성과를 내고 존경받을 수 있습니다.

자, 다시 한 번 정리해볼까요? 관심과 질문을 통해 관계 만들기, 강점을 인정하기, 나부터 확고한 원칙 지니기. 이 세 가지를 잘 기억해서 존경받는 팀장이 되기를 바랍니다. 상사에게 인정받는 직원이었듯이 직원에게 존경받는 상사도 될 수 있을 거예요.

10

동기 부여로 변화하는
다섯 가지 단계

어떻게 해야 직원들이
자기계발을 할까요?

저는 작은 광고 회사를 운영하고 있습니다. 광고계에서 크리에이티브가 얼마나 중요한지 잘 알고 있기 때문에, 흔히 말하는 스펙은 따지지 않고 창의적이고 개방적인 인재풀을 만들기 위해 처음부터 심혈을 기울였습니다. 그 결과 규모는 크지 않지만 나름대로 소수정예의 괜찮은 팀을 만들었다고 자부합니다.

작은 회사다 보니 처음부터 A급 인재로만 구성할 수는 없었지만 저는 우리 직원들의 가능성을 높이 샀습니다. 완성되어 있지는 않지만 조건만 갖춰지면 누구보다 발전할 여지가 큰 사람들이요. 직원들에 대한 이런 평가는 지금도 변함없습니다. 이력도 다양하고, 개성도 뚜렷하고, 다들 충분히 성장할 수 있는 젊은이들입니다.

그런데 직원들이 입사한 순간부터 정체되어 있는 느낌을 받습니다. 영상팀이면 영화나 전시를 보면서 미적인 감각과 연출능력도 키우고, 카피라이터는 문학작품이나 인문 책을 읽으면서 소양을 늘렸으면 좋겠습니다. 자기관리를 위해 자기계발 서적도 읽고, 강연도 가보고……. 그러면 얼마나 좋습니까. 꼭 회사를 위해서가 아니라도 본인들에게 도움이 되는 일인데요.

그런데 아무리 자기계발의 중요성을 당부해도 직원들은 실적에 더 연연합니다. 제가 그들에게 기대한 것은 현재보다 미래에 더 나아질 거라는 가능성이었는데요. 좀 엉뚱해도 독특한 시안으로 배수진도 칠 줄 알고, 낯설고 톡톡 튀는 카피로 승부도 던져보고 그랬으면 좋겠습니다.

그런데 다들 기존에 있는 것들을 벤치마킹하면서 창조적인 작업에 투자하는 시간은 줄이려 하고, 계약을 따오거나 고객을 관리하는 데 기를 씁니다. 제가 직원들에게 바라는 건 그런 게 아니라고 입이 닳도록 말했는데 말이에요.

어떻게 해야 직원들의 자기계발을 독려할 수 있을까요? 회사로서도, 직원들 개인으로서도 그게 도움이 되는 일인데 이 친구들이 도통 움직여주질 않으니 답답합니다.

_남성, 43세, 광고 회사 대표

늦더라도 기대치를 일깨우고
확인해야 합니다

일단 개방적인 마인드를 갖고 직원들의 성장을 도우려는 점이 좋습니다. 보통 직원들의 자기계발에 적극적으로 나서는 경영자는 많지 않습니다. 현재 산적해 있는 일과 그 일의 실적에 집중하다 보면 장기적인 안목으로 자기계발을 장려하는 게 쉽지 않으니까요.

아마 질문하신 분은 스스로 자기계발에 많은 투자를 하면서 자기계발의 중요성을 몸소 깨달은 분이 아닐까 생각해봅니다. 내가 아는 것을 직원들이 잘 모르니 답답할 테고요. 실제로 많은 사람들이 현재에 골몰하느라 미래에 투자할 시간을 줄이거나 없애곤 합니다. 미래에 투자하는 시간은 그래서 더 가치가 있습니다. 그렇게 하는 사람이 흔하지 않으니까요.

그러면 경영자가 해야 할 일은 무엇일까요? 다섯 단계로 말씀드리겠습니다.

첫 번째 단계에서는 각각의 현재 상황을 알 필요가 있습니다. 직원들이 실적에만 연연한다고 했는데, 최근 6개월 동안 그들의 실적은 어땠나요? 자기계발을 포기할 이유가 충분할 만큼 실적이 좋았나요? 그럴 수도 있지만 아닐 수도 있겠지요. 아니었다면 팀원들은 다른 이유, 성장을 저해하는 어떤 요인을 갖고 있을지 모릅니다. 바로 그렇기 때문에 직원들 속으로 들어가야 합니다. 실적, 수치 말고 그들을 방해하는 현실이 무엇인지 알아야 하니까요.

직원들 속으로 들어간다는 것은 그들에게 각각의 개체로 접근해 개인적인 현실을 공유하는 것입니다. 그들을 '직원'이라는 하나의 덩어리로 묶어서 보는 게 아니라, 한 사람 한 사람 개인적인 관계로 만나는 거지요. 10명을 동시에 앉혀 놓고 "우리 자기계발하자"라고 말해서는 아무것도 달라지지 않습니다.

제가 중국 공장에 관리자로 근무할 때였습니다. 처음에는 공장 직원들과 소통하기가 매우 어려웠어요. 외국인이었던 것이 가장 큰 이유였지요. 그래서 저는 '하루에 3명 만나기'라는 방식을 썼습니다. 같이 밥을 먹고, 족구를 하고, 차를 마시면서 꾸준히 그들에게 질문을 던졌고, 그들의 이야기를 들어주었습니다. 무엇이 가장 힘든지, 어떤 점들이 가장 큰 스트레스인지 말이에요. 이런 이야기는 일대일로 있을 때 털어놓기 마련이지요.

두 번째 단계에서는 기대치를 물어봐야 합니다. 힘든 점을 알았다면 그게 어떻게 되면 좋겠는지, 기대하는 바를 묻는 거예요. 기대치는 물어보는 사람이 없으면 말하지 않습니다. 대부분의 사람들은 현재 상황에 만족하지 않으면서도 어쩔 수 없다는 의식적인 세뇌를 갖기 때문입니다. 그래서 더더욱 물어봐야 합니다.

"차를 뽑았으면 좋겠어요."

"좀 더 큰 집으로 이사 가고 싶어요."

"음악을 하고 싶어요."

"유럽 여행을 하고 싶어요."

하고 싶은 것을 다 하고 살 수는 없다, 남들도 이렇게 사는 것이다, 이런 세뇌 과정을 거치면서 남에게 말하지 않았던, 어쩌면 자기 스스로도 잊고 살았을 기대치를 일깨워줘야 합니다. 공감하고 용기를 불어넣어 주는 것도 필요하겠지요.

세 번째 과정은 기대치에 대한 질문입니다. 왜 그것을 할 수 없는지, 또는 할 수 없다고 생각하는지 물어보는 것입니다. 차를 사지 못하는 이유, 큰 집으로 이사 가지 못하는 이유, 음악을 하지 못하는 이유, 유럽으로 떠나지 못하는 이유……. 돈이 없는 것이 이유일 수 있지만 그게 전부가 아닐 수도 있습니다.

직원들에게 동기 부여가 잘 되지 않는 이유 중 하나는 앞서 말씀드린 두 가지를 생략한 뒤 곧바로 세 번째 과정을 시도했기 때문이 아닐까 생각합니다. "왜 자기계발을 하지 않지?"라는 말을 듣고 곧바로 자기계발을 시작하는 사람은 거의 없을 겁니다. 중요한 것은 소통을 통해 원인을 공유하고 해결책을 찾는 것입니다.

이 과정까지 거쳤다면 네 번째 단계에서는 직원들이 그것을 실행할 수 있도록 기준을 마련해두어야 합니다. 직원들이 공부하고 새로운 아이디어를 구상하기 바란다면, 기대치는 아침마다 독서모임을 하고, 강연회를 다니고, 좋은 공연과 전시를 관람하는 문화일 것입니다. 궁극적으로는 경영자를 비롯한 회사의 조직원들이 일과 삶에서 변화하는 것일 테고요.

그러면 이런 기대치를 위해 할 일은 무엇일까요? 직원들이 해야 할 일 말고, 나 스스로 해야만 하는 일 말이죠. 개별상담을 30분씩 한다거나, 좋은 책을 추천한다거나, 함께 독서토론을 할 수 있겠지요.

사람들은 자기계발 책을 읽고 나서 "다 비슷한 내용이네", "이미 알고 있는 거야"라고 말합니다. 하지만 이것은 오만한 태도입니다. 그 책들의 목적은 모르는 것을 알게 해준다기보다 이미 알고 있는 것을 실행하게 만드는 데 있습니다. 따라서 책을 읽었다면 아는 것보다 실행하는 것이 중요하지요. 실행이 경쟁력인데 실행하지 않고 알고만 있어서는 아무것도 달라지지 않습니다.

따라서 다섯 번째 단계는 어디까지 실행했는지 코칭하는 것입니다. 코칭은 아는 척하는 게 아니라 작심삼일을 예방하는 꾸준한 노력입니다. "그거 다 해봤어?", "잘 되고 있나?", "어떤 생각이 들었어?", "많이 좋아졌나?" 하는 식으로 확인하는 거예요. 끊임없이 체크하고 지속적으로 피드백하는 데는 놀라운 힘이 깃들어 있습니다. 사람들에게 뭔가를 드러내게 만들지요.

앞의 다섯 단계를 정리하면 다음과 같습니다.

· 상대의 현재를 공유한다.
· 기대치를 설정한다.
· 기대치를 현실화하는 데 방해되는 요인이 무엇인지 찾는다.
· 현재 자신의 위치에서 그에게 해줄 수 있는 최선의 실행 방법을 고민한다.
· 체크와 피드백으로 실행을 돕는다.

이 다섯 단계를 하나하나 거치는 것은 자기계발을 하라고 권하는 것보다 시간이 많이 걸릴 것입니다. 하지만 서두르지 말고 지속적으로 해보세요. 나와 직원들이 함께 변화하고, 그로써 회사 문화 전체가 바뀔 거예요. 큰 변화는 작은 것에서부터 천천히 시작됩니다.

　그처럼 날마다 변화하는 모습을 기대하고 믿습니다.